ASEAN
多国籍企業の実像

～後発勢力の国際化戦略と競争優位～

牛山 隆一
Ryuichi Ushiyama

専修大学出版局

まえがき

　本書が分析対象とするのは，東南アジア諸国連合（Association of South-East Asian Nations: ASEAN）の企業である。なぜ ASEAN 企業に注目するのか？　もちろん研究で取り上げるべき学術的な意義があると考えるためだが，その詳細な説明は本編に譲る。ここではまず，筆者が ASEAN 企業の研究を始めた経緯について述べたい。

　米中対立下でグローバルサプライチェーン再編等が叫ばれる今，ASEAN 諸国は日本企業の事業展開先として熱い視線が注がれている。だが，実際に ASEAN が大きな注目を集めたのは2010年前後からである。その契機は2008年に発生した国際金融危機であった。翌2009年，世界経済が戦後初のマイナス成長に陥る中でアジア新興国の成長力に対する期待が国際的に高まり，日本政府は2010年に策定した「新成長戦略」でアジア重視の姿勢を打ち出した。そして「アジアとともに成長する日本」（2010年度通商白書のタイトル）とのスローガンを掲げ，日本企業のアジア進出を強く促した。こうしたなかアジア新興国の中でも「親日国」が多いとされる ASEAN 諸国の存在がクローズアップされたのである。

　筆者はその頃，日本経済新聞のシンガポール兼クアラルンプール支局長としてシンガポールに駐在し，ASEAN 経済の動向を日々報じていた。日本の読者へ発信した情報で多かったのは，合計約6億人超に上る巨大市場の潜在成長力，「経済共同体」構築に向けた市場統合の進展，日本など域外国との自由貿易協定（FTA）／経済連携協定（EPA）締結の動き，後発加盟国であるベトナムやカンボジアの動向などに関連するものであった。いずれも日本の政府，企業，研究者などにも注目されていた ASEAN 経済の「見所」であり，それらを詳細に報じることが ASEAN 経済の中心地シンガポールに駐在する記者にとって大事な業務であった。

ただ，これらの記事を繰り返し執筆しながらも，筆者にはより気になる取材対象があった。それが ASEAN 各国の地元企業である。特にそれらの企業群が国境を越え，経営の国際化に取り組む姿に惹かれ，可能な限り記事にした。なぜ，ASEAN 企業が気になったのか。主に 2 つの理由があった。

　まず日本の読者にあまり馴染みがない ASEAN 企業が多国籍化に力を注いでいるという事実自体が単純に面白かった。経済共同体や FTA/EPA など注目度の高いメジャーな動きよりも，ASEAN 企業の「知られざる多国籍化」というマイナーな動きに，筆者はオタクじみたワクワク感を覚えた。それは「地味」なものが好きな筆者のキャラとも関係があるのかもしれない。

　もう 1 つの理由は，国際化を進める地元企業の姿に ASEAN 経済の成長を実感したことである。筆者は1980年代後半，新聞記者として最初のシンガポール駐在を経験していた。その際，ASEAN 企業の存在に初めて触れ，それらの動向を頻繁に記事にしたのだが，当時の ASEAN 企業には海外へ進出する動きが総じて乏しかった。ところが，約20年後に再び赴任したシンガポールで同国および近隣 ASEAN 諸国の地元企業群が経営の国際化へ疾走する姿を目の当たりにし，「これこそ躍進する ASEAN 経済の成長を体現する事例だ！」と勝手に感動したのである。

　このようにおよそロジカルとは言えない即物的なノリで ASEAN 企業の国際化に強い関心を抱くようになったが，2 度目のシンガポール赴任を終え，勤務先の系列シンクタンク，公益社団法人日本経済研究センターで2011年から仕事を始めると，ASEAN 企業への筆者の執着はさらに強まった。それら企業群の対外進出の動きが一段と目まぐるしくなったからである。具体的には先行組のシンガポール，マレーシアの企業で拍車が掛かり，タイやフィリピン，ベトナムの企業なども追随する中で，ASEAN 企業の国際化は重層化しながら力強さを増していった。

　これを受け，筆者は日経センターのアジア研究会（座長・浦田秀次郎早稲田大学教授＝当時，現名誉教授）が2014年末にまとめた報告書「ASEAN 経済統合，どこまで進んだのか」で，「加速する ASEAN 企業の『ASEAN 展

開』～域内統合の担い手として存在感増す」という原稿を執筆。さらに2018
年末には「ASEAN の多国籍企業～増大する国際プレゼンス」（文眞堂）と
いう単著を発刊し，ASEAN の主要多国籍企業の動向について論じた。

　これらの成果物は，筆者がジャーナリスト，シンクタンク研究員の業務を
通じ集めた事例，データを整理し，まとめたものである。単著に関しては，
① ASEAN 企業の海外展開という側面に着目した，②最新情報を可能な限
り盛り込んだ，③多くの ASEAN 企業を取り上げた，といった点で類書が
見当たらない内容に仕上げたつもりであったが，どこか物足りなさも感じて
いた。単著を読んだ旧知の学者から「さまざまな事例が紹介されていて便利
だが，もっと分析して欲しかった」と言われたことも気になっていた。この
単著はそもそも読者の利便性に配慮し「一覧性」を重視して仕上げたもので
あったが，この学者の言葉に背中を押され筆者は次の段階へ進むことを決め
た。それまで10年超に亘り追いかけてきた ASEAN 企業の国際化という現
象を学術論文にすることにしたのである。

　そこで専修大学大学院経営学研究科に入学し，新興市場ビジネスを研究さ
れている今井雅和先生のご指導を仰いだ。だが，ASEAN 企業群がどのよう
な国際化戦略を進めているのか，また，それがなぜ可能なのか，という点を
解明するという研究方針こそあったが，実際には何をどう研究すればよいか
わからず，五里霧中の状態が続いた。その中でさまざまな先行研究を渉猟し
ながら ASEAN 企業の動きを追いかけるという作業を反復するうちに，研
究の枠組みが徐々に固まり，作業が進んでいった。本書はそのようにしてま
とめ上げた博士論文を書籍用に修正を施し，刊行したものである。

　本書刊行にあたり，まず指導教授の今井先生に深謝せねばならない。先生
は研究経験が乏しい筆者との演習に幾度もお付き合いいただき，節々で貴重
なアドバイスをしてくださった。入学前に突然押しかけた筆者を温かく迎え
入れ，指導役を快諾してくださった先生との出会いこそ，本研究を進めるう
えで最大の力となった。また，博士論文の副査として多くの有益なコメント
をくださった専修大学の馬場杉夫先生と山内昌斗先生，早稲田大学の長谷川

信次先生，さらに学会発表の場でコメンテーター役として貴重な助言をしてくださった上智大学の竹之内秀行先生，九州大学の清水一史先生，専修大学の池部亮先生にもお礼を申し上げる。紙幅の制約で全て挙げられないが，ほかにも応援してくださったすべての皆様方に謝意を表したい。既述の通り，本研究は日本経済新聞，日本経済研究センター勤務時代の経験に触発された面が大きい。ASEAN 諸国への赴任や多くの出張の機会を与えてくれた両組織にも筆者は恩を感じている。

本研究は ASEAN 諸国を出自とする多国籍企業の「国際化戦略」と「競争優位」に関する分析に主眼が置かれている。地元企業の国際化という現象は，躍動する ASEAN 経済の重要な見所の一つであると筆者は考えている。本書を通じ ASEAN 企業という切り口から ASEAN 経済の現状に関する読者の知識と理解が少しでも深まれば筆者にとって望外の喜びである。欧米企業➡日本企業➡アジア NIES 企業➡BRICs 企業という順で生起し，現在は ASEAN 企業にもその出番が巡ってきた多国籍企業の歴史的な系譜を念頭に置くと，読者はよりグローバルな視野から本書を読み進むことができるはずである。ただ，本書におけるさまざまな分析は論文執筆時に入手可能であった情報に基づく。現地通貨建ての金額の邦貨換算額が度々出てくるが，執筆当時の為替レートで計算していることにも留意されたい。

本研究は ASEAN 多国籍企業に関する研究の一歩に過ぎない。今後の課題については終章で詳述するが，ASEAN 多国籍企業を取り巻く環境が変化している点は強調しておく。その変化とは米中対立に伴うグローバリゼーション機運の後退，ASEAN 多国籍企業の主要展開先であった中国経済の伸び悩み，ASEAN 域内の有望市場ミャンマーでの軍政復活に伴う事業環境激変，さらに注目されるベトナム市場を巡る日中韓企業などとの競争激化等，枚挙に暇がない。「新興多国籍企業」の後発組である ASEAN 多国籍企業にとって，躍進の2010年代が過ぎ，2020年代は経営戦略の巧拙により優勝劣敗が鮮明になる淘汰の時期になるであろう。このような時代の変化も踏まえ，筆者は ASEAN 多国籍企業の動きをさらに追いかけていきたい。

　末筆となるが，本書の刊行にあたり，専修大学課程博士論文刊行助成の制度を活用させていただいた。原稿を丁寧にチェックしていただいた専修大学出版局の真下恵美子さんにお礼を申し上げたい。

2024年1月　　　　　　　　　　　　　　　　　　　　　　　牛山隆一

目　次

序章

本研究の背景と概要

1．背景

　世界経済における新興国[1]の存在感が高まり続けている。2000年代は先進国の実質国内総生産（GDP）の平均伸び率が1.8％だったのに対し，新興国は6.1％を記録し，アジア新興国に限れば8.1％とさらに高かった[2]。2010年代に入り新興国の成長率は伸び悩んだが，それでも世界平均（3.7％）を上回る5.1％を記録した。こうした状況から世界の名目 GDP に占める新興国のシェアは上昇を続け，1990年代の20％前後から2020年は41％と過去最高の水準に達した。

　GDP 以外の面でも新興国の勢いは見て取れる。財の輸出額（2020年）における新興国の世界シェアは46％と先進国（54％）に迫りつつある[3]。その20年前（2000年）に先進国（68％）の半分以下（32％）だったことを考えると，急速な伸びである。新興国の中でも特にアジア新興国の世界シェアは38％に達した。

　対内・外国直接投資（FDI，フロー）では2020年，新興国のシェアが67％と先進国（33％）を初めて上回った。2000年代以降，同シェアは上昇を続け，過去20年間で2.4倍に高まった。一方，対外 FDI でも新興国のシェアは2020年に52％と先進国（48％）を初めて追い抜いた。このように FDI では受け手，出し手の双方において新興国が「世界の主役」に浮上してきた。

　これらのさまざまな現象の中で，本研究が着目するのは新興国の対外 FDI 拡大，すなわち新興国に本拠地を置く企業が多国籍化[4]の動きを加速させているという状況である。2000年代以降，新興国の対外 FDI 拡大が進む中，国際ビジネス研究の領域では新興市場（国）多国籍企業（emerging market multinational enterprises: EMNEs）[5]が「多大かつ継続的に関心を持たれてきた」（Gammeltoft & Hobdari, 2017, p.2）。国際化の進め方，競争優位の源泉，市場参入モード等を主要な論点としながら EMNEs 研究は活発に進められてきたのである。

　そのEMNEs研究で主要な分析対象となったのは，中国，インドなどBRICs[6]の企業群である（Jormanainen & Koveshnikov, 2012, p.710）。つまり，従来のEMNEs研究ではBRICs企業で主に観察されるさまざまな現象に基づいてEMNEsの国際化の実態が論じられてきた。そのような状況は新興国発FDIを牽引したのがBRICsで，それらの地元企業群が実際の担い手になってきたことを考えれば，当然のことだったと言えるだろう。

　だが，新興国発の対外FDIの主体は昨今，多様化している。とりわけ2010年代以降，東南アジア諸国連合（ASEAN）諸国の対外FDIが急速に拡大していることが注目される。ASEAN主要5カ国（マレーシア，タイ，フィリピン，インドネシア，ベトナム）[7]の対外FDI合計額（フロー）を見ると，今や世界最大規模の対外FDI国となった中国には及ばないものの，BRICsの残り3カ国（ブラジル，ロシア，インド）の合計額に匹敵する規模になりつつある。

2．問題意識

　ASEANが対外FDIの主体として台頭した裏には，もちろん地元企業の急速な国際化という事実がある。ASEAN企業は近年，先進国企業もターゲットにM&Aを仕掛けるなど越境経営を積極的に推進している。ところが，ASEAN企業がEMNEs研究の対象とされることは依然少なく，それらの国際化の実態はあまり解明されていないのが実情である。本研究がASEAN企業に着目するのは，新興国の対外FDIの新たな担い手となったASEAN企業を対象に据えることで，EMNEs研究におけるBRICs偏重の状況を見直す必要があると考えたからである。

　ただし，EMNEs研究であまり取り上げられていないという理由だけで，ASEAN企業に着目するわけではない。EMNEs研究の主要な分析対象であるBRICs企業と比べ，ASEAN企業は「後発」「中小規模」という2つの特徴を持つからでもある。むしろ，これらの特徴を有するがゆえに，ASEAN

企業は EMNEs 研究の対象とされるべきであると筆者は考えている[8]。

　まず，「後発」というのは，BRICs 企業に比べ国際化を本格的に進めた時期が総じて遅いという意味である。具体的には BRICs 企業が2000年代なのに対し ASEAN 企業は2010年代である。越境経営の加速時期で見ると ASEAN 企業は「後発組」と言え，先進国，アジア新興工業経済群（NIES），さらに BRICs の企業も海外展開をかなり進めていた時期に国際市場へ本格参入したケースが多い。同じ EMNEs でありながら，BRICs 企業に総じて遅れを取った ASEAN 企業は，「新 EMNEs」とも呼び得る存在なのだ。

　一方，「中小規模」というのは，中小企業を意味するのではない。多国籍化に力を注ぐ ASEAN 主要企業の多くは地元の大企業であり，中小企業には該当しない。ここで言う「中小規模」とは，BRICs 企業に比べ総じて規模が小振りという意味である。これは中国やインドの企業と異なり，ASEAN 企業が「中小国」を本拠地にしているためで，自国市場では大企業でも世界市場という舞台では当該業界の非上位企業あることが少なくない。

　このように「後発」かつ「中小規模」という特徴を持つ ASEAN 企業は，いわば 2 つの制約下で，国際経営を進めている。すなわち，EMNEs 研究の中心を占めてきた「先発」かつ「大規模」な BRICs 企業とは異なる条件下に置かれている。したがって ASEAN 企業を詳細に分析することで，BRICs 企業への傾斜が著しい従来の EMNEs 研究で見過ごされてきた「新 EMNEs」の国際化の実態を浮き彫りにし，EMNEs 研究に新たな視座を持ち込むことが可能であると思われる。本研究の中核的な問題意識は，ここにある。

3．研究目的と手法，結果

1）2 つのリサーチ・クエスチョンと 4 つの仮説の検証

　本研究では ASEAN 諸国に本拠地を置く多国籍企業を「ASEAN 多国籍企業（ASEAN multinational enterprises: AMNEs）」と呼称し，下記 2 つの

リサーチ・クエスチョンを設定する[9]。

---

① AMNEs は，どのような国際化戦略を進めているのか？
② AMNEs は，なぜ国際化を進めることができるのか？

リサーチ・クエスチョン①は，AMNEs の国際化戦略[10]にどのような特徴があるかを明らかにするものである。具体的には BRICs 企業を主要な対象に EMNEs の国際化戦略を論じた Ramamurti（2009），Ramamurti & Singh（2009）の分析枠組みを援用しながら AMNEs の国際化戦略を類型化し，どの戦略が多く観察されるか調べる。さらに Rugman & Verbeke（2004），Collison & Rugman（2007）等の手法を参考に，事業展開先の地理的な広がり方の違いから主要 AMNEs を「グローバル型」と「リージョナル型」の2グループに分類し，AMNEs の国際化戦略に関する下記2つの仮説を設ける。さらにこれらの仮説を，各 AMNEs が属する業種の世界市場規模を独立変数，「グローバル型」／「リージョナル型」のどちらになるかの確率を従属変数とする回帰分析を行い，検証する。

仮説①　中小業種に属する AMNEs は，グローバル展開を指向する。
仮説②　大業種に属する AMNEs は，リージョナル展開を指向する。

一方，リサーチ・クエスチョン②は，「後発」「中小規模」という2つの制約下にある AMNEs の国際化を可能とする競争優位の実態を解明するものである。EMNEs 研究における競争優位の議論では，先進国多国籍企業のように高度な技術力，強いブランド力を持たない EMNEs がなぜ国際化を進められるかというのが主要な論点となってきた。

本研究は，EMNEs の自国市場での強さと多国籍化の関係を論じた Hennart（2009, 2012, 2018）の「バンドリング・モデル（bundling model）」と，EMNEs の先行研究で議論されてきた EMNEs が持つ独自の強みとされる「非伝統的 FSAs」という2つの視点からアプローチするほか，「非伝統的 FSAs」の説

明力が乏しいと思われるケースでは，AMNEs が持つ固有の強みと考えられる「地域特殊的優位（RSAs）」という本研究独自の考え方を導入する。

そのうえで AMNEs の競争優位に関し，下記 2 つの仮説を提示し，検証を試みる。具体的には，まず「グローバル型」と「リージョナル型」の双方を対象に，各社の経営の歩み，市場シェアの動向などから「国内での強さ」を有するか否かを個別に確認する。さらに前者の非伝統的 FSAs の強さ，後者の RSA については，各社の経営動向を詳細に調べ，それらの有無を検証する。

仮説③　「グローバル型」の競争優位は，「国内での強さ＋非伝統的 FSAs の強さ」で主に説明される。

仮説④　「リージョナル型」の競争優位は，「国内での強さ＋（ASEAN 企業が持つ）RSAs」で主に説明される。

2）事例研究に基づく仮説の考察

一連の作業を通じて仮説①～④の妥当性が示されるが，本研究ではさらに個別企業の事例研究を行い，AMNEs が「グローバル型」ないしは「リージョナル型」の戦略を進める背景，また，それらの戦略に各 AMNEs が有する競争優位がどのように活かされているかを分析し，仮説に対する考察を深める。

具体的には「グローバル型」「リージョナル型」から各 2 社を取り上げ，当該業界の国際的な動向，各社の海外進出の経緯，「国内での強さ」・非伝統的 FSAs・RSAs の実態および効果，経営トップの姿勢などを分析する。さらに事例研究の最後に「大業種・グローバル型」という仮説の想定外である国際化を進めている 1 社も分析する。

これらの事例研究により，中小業種に属する AMNEs がなぜグローバル展開を指向するのか，逆に大業種の AMNEs がなぜリージョナル展開を指向するのか，という仮説①と②の背景が明らかにされる。また，「グローバ

ル型」が「国内での強さ＋非伝統的 FSAs」（仮説③），「リージョナル型」
が「国内での強さ＋RSAs」（仮説④）と競争優位の構図が異なる背景，ま
た，それぞれの競争優位を構成する要素が実際どのように活かされているか
も示される。

　それらの結論をここで示せば，仮説①と②については，中小業種は世界市
場で巨大競合企業の存在が比較的希薄で，海外 M&A など国際化のコスト
も総じて安いためグローバル展開がしやすい半面，巨大競合企業が立ちはだ
かる大業種は逆に難易度が高く，リージョナル展開が指向されるということ
になる。

　また，「グローバル型」の仮説③と「リージョナル型」の仮説④で競争優
位の構図が異なるのは，前者で「アジア」の地理的枠組みを超えて通用する
非伝統的 FSAs の強さが求められる一方で，後者ではアジア，特に AMNEs
のお膝元の ASEAN 域内で事業を行う際の強みとなる RSAs の存在がカギ
になることが確認される。さらに変則的な「大業種・グローバル型」の事例
研究では，非伝統的 FSAs が「グローバル型」の競争優位の源泉として重要
であることが明確に示される。

3）研究成果

　EMNEs 研究における文脈上の本研究の成果は，主に以下の3点である。
　第1に EMNEs 研究の対象としてマイナーな存在であり，先行研究ではあ
まり取り上げられてこなかった AMNEs について，その代表的な企業群を
特定するとともに，どのような国際化戦略を進めているのか類型化した。
　第2に AMNEs の中核グループの国際化戦略を詳細に分析した結果，「中
小業種・グローバル型」と「大業種・リージョナル型」という主に2パター
ンがあることを突き止めた。さらに個別企業の事例研究から AMNEs は中
小業種でグローバル型の展開が比較的容易であり，大業種でリージョナル型
が現実的な選択肢となっていることを明らかにした。これらは国際化を進め
るうえで「後発」「中小規模」の制約下にある AMNEs ならではの現象とみ

られ，本研究によって示された EMNEs の国際化戦略に関する新たな視座と言える。

第3に AMNEs の競争優位に関する分析については，「グローバル型」は「国内での強さ＋非伝統的 FSAs」，「リージョナル型」は「国内での強さ＋RSAs」という要素の組み合わせによって説明できるとの見方を提示した。AMNEs の競争優位を説明するこのような複層的な構図は，他の EMNEs 分析にも適用できる新たな枠組みとなる可能性がある。

これら本研究の意義については，本書の最終章で改めて述べる。

4．本研究の構成

本研究の構成は以下の通りである（図表序–1）。

第1章では新興国が近年，対外 FDI の主体として台頭してきた状況について主に統計面から概観する。新興国の中でもブラジル，ロシア，インド，中国の BRICs が大きな存在感を示してきたことを確認したうえで，2010年代に入ると ASEAN 諸国の対外 FDI も本格化してきたことを見ていく。

第2章では，まず先進国企業を対象に進められてきた伝統的な多国籍企業論の流れを振り返る。続いて特に2000年代以降に活発化した EMNEs 研究の主要な議論を整理するとともに，従来の EMNEs 研究が BRICs の多国籍企業を主要な対象としてきたことに触れ，AMNEs を取り上げることの意義を論じる。本研究が AMNEs を統合的に捉えるという特徴を持つこと，さらに本研究で設定する2つのリサーチ・クエスチョンについても詳述する。

第3章では，AMNEs の国際化戦略に関する分析を行う。まず，分析対象として取り上げる AMNEs を特定し，Ramamurti（2009），Ramamurti & Singh（2009）の分析枠組みを参考に AMNEs の国際化戦略を類型化する。さらに主要な AMNEs の事業展開先の地理的な広がりに着目し，それらを「グローバル型」と「リージョナル型」という2つのグループに分け，AMNEs の国際化戦略に関する2つの仮説を導出し，回帰分析によって検証

する。

　第4章は AMNEs の競争優位に関する分析である。従来の EMNEs 研究で提示された Hennart（2009, 2012, 2018）の「バンドリング・モデル」，さまざまな先行研究によって指摘された「非伝統的 FSAs」，本研究が独自に導入する「RSAs」という3つの考え方に依拠しながら，「グローバル型」，「リージョナル型」それぞれの競争優位に関する2つの仮説を導出し，検証を試みる。

　第5章から第9章は個別企業の事例研究である。第5章はタイのツナ缶メーカー，タイ・ユニオン・グループ，第6章はフィリピンの港湾運営企業，インターナショナル・コンテナ・ターミナル・サービシズ（ICTSI）という「グローバル型」，第7章はタイのビールメーカー，タイ・ビバレッジ，第8章はマレーシアの銀行，CIMB グループ・ホールディングスという「リージョナル型」に属する AMNEs をそれぞれ取り上げ，第3，4章で検証した国際化戦略および競争優位に関する仮説に関する考察を深める。また，第9章では「大業種・グローバル型」であるベトテルの通信会社，ベトナム軍隊工業通信グループ（ベトテル）を取り上げ，仮説の想定外である戦略がなぜ可能なのか考察する。

　終章で本研究の結論や今後の課題を述べる。

図表序-1　本研究の構成

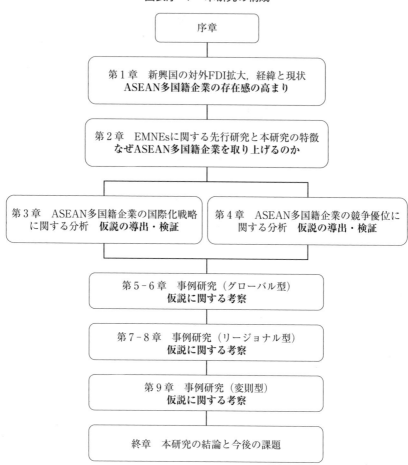

序章

第1章　新興国の対外FDI拡大，経緯と現状
ASEAN多国籍企業の存在感の高まり

第2章　EMNEsに関する先行研究と本研究の特徴
なぜASEAN多国籍企業を取り上げるのか

第3章　ASEAN多国籍企業の国際化戦略
に関する分析　**仮説の導出・検証**

第4章　ASEAN多国籍企業の競争優位に
関する分析　**仮説の導出・検証**

第5-6章　事例研究（グローバル型）
仮説に関する考察

第7-8章　事例研究（リージョナル型）
仮説に関する考察

第9章　事例研究（変則型）
仮説に関する考察

終章　本研究の結論と今後の課題

出所：筆者作成

注

1）新興国（市場）に厳密な定義があるわけでなく，同義の言葉には低開発国，発展途上国，新興工業地域（NIEs）などもある（今井，2016，p.101）。本書では新興国という言葉を原則用いるが，文脈によって途上国も使う。

2）国際通貨基金（IMF）の World Economic Outlook database（October 2021 edition）から筆者計算。ここで言う新興国（emerging market and developing economies）はIMF の定義に基づく156カ国で構成される。そのうちアジア地域に位置する30カ国は「新興アジア（emerging and developing asia）」と呼ばれている。先進国（advanced economies）は40カ国で構成されている。

3）国際連合貿易開発会議（UNCTAD）のデータベースである UNCTADstat から筆者計算。ここでの新興国（developing regions）は UNCTAD の定義に基づく180カ国，先進国（developed regions）は同69カ国でそれぞれ構成される。UNCTAD 定義の新興国には韓国やシンガポール，香港など高所得国・地域も含まれる。

4）本研究では以下，国際化という表現も多用するが，基本的に多国籍化と同義の言葉として使う。したがって，本研究のタイトルに含まれる「国際化戦略」は「多国籍化戦略」と同義である。

5）EMNEs という言葉は，Gugler（2017），Hennart（2012, 2018），Hernandez & Guillén（2018），Luo & Tung（2018），Marchand（2018），Narula & Kodiyat（2016），Pananond（2013），Ramamurti（2009, 2012），Williamson（2015）など多くの先行研究で用いられている。

6）BRICs は米ゴールドマン・サックスが2001年に発行したレポートで用いた言葉で，ブラジル，ロシア，インド，中国の4カ国で構成される。現在は s が大文字の S となり，南アフリカを含む5カ国を指す場合が多いが，本研究では EMNEs 研究でBRICs が多く用いられてきたことを踏まえ，BRICs の方を使う。

7）シンガポールは，①韓国，台湾，香港とともにアジア NIES の一員である，②日本の所得水準を上回る高所得国である，の2点を勘案して本研究の分析対象から外した。以下，本研究で ASEAN 主要国と言う場合，特に断りがない限り，マレーシア，タイ，フィリピン，インドネシア，ベトナムの5カ国を指す。

8）ASEAN 諸国は政治や経済，社会，文化などさまざまな面で多様な地域であるが，本研究では AMNEs が「後発」，「中小規模」という2つの特徴を共有することが多いことに着目し，これらの企業群を広く分析対象に据える。

9）これらのリサーチ・クエスチョンに関しては，第2章で改めて詳述する。

10）ここで言う「AMNEs の国際化戦略」という表現は，AMNEs が現在の多国籍化した状況に至るまでに進めてきた国際化戦略という意味で用いられている。

第 1 章

新興国の対外 FDI 拡大，経緯と現状

1．はじめに

　2000年代から本格化した新興国の対外FDIは，BRICs（ブラジル，ロシア，インド，中国）に牽引されてきた。なかでも中国は猛烈な勢いで対外FDIを増やし，世界最大規模の投資国になった。一方，2010年代に入りASEAN諸国も対外FDIを加速させ，新興国発FDIの新たな担い手として存在感を高めてきた。本研究の主要な目的は，ASEAN企業の国際化戦略，競争優位に関する分析であるが，まず本章ではASEAN諸国の対外FDIの現状を確認する。次の第2節で新興国の対外FDIが中国をはじめBRICsに主導されてきた状況を概観する。続く第3節でASEAN諸国の対外FDIが近年拡大していることを見たうえで，その背景や国別の特徴，ASEAN企業とBRICs企業の違いについて論じ，第4節で締めくくる。

2．新興国の対外FDI拡大

1）全体のトレンド

　世界の対外FDIは2000年代に入り急速に拡大した。国際連合貿易開発会議（UNCTAD）の統計によると，世界の対外FDIは1990年代にフローの年平均額が4,151億ドルであったが，2000年代に同1兆1,068億ドルへと3倍近く膨らみ，2010年代は同1兆4,131億ドルへ増加した。ストックで見ても，2000年末の7兆4,089億ドルから2010年末に20兆4,681億ドルへと3倍近くに増え，2020年末は39兆2462億ドルとさらに倍増している。こうした対外FDIの拡大には，経済のグローバル化が急速に進む中，2000年代以降，企業の越境経営が世界的に活発になったことが映し出されている。

　世界の対外FDI（フロー）の主体を，「先進国」と「新興国」の2つに分けると，前者のシェアが2000年代にほぼ一貫して下落したのに対し，後者は上昇を続け，2020年に初めて逆転した[1]（**図表1-1**）。ストックでも2000

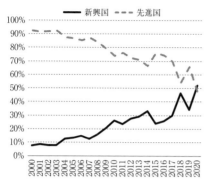

図表1-1　世界の対外 FDI に占める
シェア（フロー）

注：新興国（Developing regions）は約180カ
　　国，先進国（Developed regions）は約
　　70カ国・地域で構成。前者には韓国，
　　台湾，香港，シンガポールなどの高所
　　得国・地域が含まれている。
出所：UNCTADstad より筆者作成。

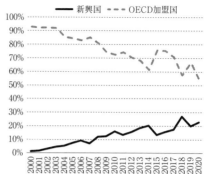

図表1-2　世界の対外 FDI に占める
シェア（フロー）

注：ここでの新興国は，世界銀行の分類によ
　　る「中所得国」と「低所得国」の双方
　　で構成される。図表1-1の「新興国」
　　に比べ範囲が狭い。
出所：UNCTADstat より筆者作成。

年は「先進国」が約90％，「新興国」が約10％であったが，2020年には前者
が約80％に下落し，後者は20％強に上昇した。過去の蓄積が反映されるス
トックの数字では先進国が新興国をなお大きく上回るが，その差は縮小傾向
を辿っている。

　次に，世界の対外 FDI（フロー）の主体を，「先進国クラブ」と言われる
経済協力開発機構（OECD）加盟国と，低所得国・中所得国を合わせた国々
を「新興国2)」と改めて定義して双方を比較すると，2000年から20年の間
に前者のシェアが93％から54％へほぼ半減し，逆に後者は1％から23％へと
大幅に伸びた3)（**図表1-2**）。ストックでも2000年から20年の間に OECD
加盟国のシェアが91％から78％へ下がる一方で，「新興国」は2％から11％
へ大きく上昇している。

2）BRICs の大きな存在感

新興国[4]の対外 FDI 拡大を牽引してきたのは，BRICs である。BRICs の対外 FDI（フロー，以下同）の世界シェアは2000年代に急上昇し，2010年に10％を突破した（**図表1-3**）。2010年代に入り，シェアは一段と上昇し，2018年に20％超と過去最高水準へ達した。この数値は，同年の OECD 諸国の対外 FDI シェア（58％）の約3分の1に相当する規模であった。このように BRICs の存在感は新興国の中で突出しており，2000年代後半以降は新興国全体の対外 FDI の中で70％を超える年が目立っている（**図表1-3**）。

BRICs の中でも存在感が際立つのが中国である。同国の対外 FDI 額は2000年代半ばまではブラジル，ロシア，インドの3カ国（以下，「BRI」と呼ぶ）の合計額を下回る年が多かったが，2000年代後半から急増し，2010年代は BRI の合計額を単独で大きく上回るようになった（**図表1-4**）。中国の対外 FDI 額の世界シェアも2000年：0.1％→2010年：4.9％→2020年：18％と急伸し，新興国全体に占めるシェアも7％→31％→79％と猛烈な勢いで伸びている[5]。

図表1-3　世界と新興国の対外 FDI における BRICs のシェア（フロー）

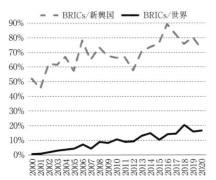

注：新興国は，世界銀行の分類による「中所得国」と「低所得国」を合わせたもの。
出所：UNCTADstat より筆者作成。

図表1-4　世界の対外 FDI における中国と BRI のシェア（フロー）

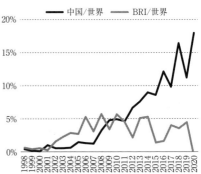

注：BRI は，ブラジル，ロシア，インドで構成。
出所：UNCTADstat より筆者作成。

　中国は2000年代前半，世界の対外 FDI 額の国別順位で20位台にとどまっていたが，同後半に10位台へ上昇した。その後2010年代にトップ 3 の常連となり，2020年に初めて 1 位になった。一方，BRI 3 カ国の対外 FDI 合計額の世界シェアは，2000年の0.5％から08年に5.7％と過去最高に上昇した後，総じて伸び悩んでいる。BRICs を中国とそれ以外の 3 カ国（BRI）に分けると，2010年代は前者が勢いを増し，後者は失速気味である。ただ，それに先立つ2000年代に対外 FDI の拡大期を迎えた点は， 4 カ国に共通する。

3 ）BRICs の対外 FDI 拡大の背景

　2000年代以降，BRICs の対外 FDI が急拡大したのは，BRICs 企業が海外への事業展開を本格化させたからに他ならない。中国では1999年に地元企業の対外投資を後押しする「走出去」戦略が打ち出され，対外 FDI 拡大に弾みがついた（Panibratov, 2017, p.49）。同戦略は，国際競争力の向上や人民元切り上げ圧力の緩和を狙いとするもので，政府は投資に必要な外貨の保有制限を緩和したり，中国企業に対し買収案件を紹介したりして支援を強化した。この結果，同国は「海外進出元年」[6]と呼べる時期を迎え，「2000年代初頭から FDI の主要な出し手」（Lim, 2019, p. 2 ）となったのである。

　一方，ブラジルでは1995年に関税同盟である南米南部共同市場（メルコスール）が発足したことを受け，2000年代から地元企業の対外進出が本格化した（Fluery et al., 2013, p.201; Panibratov, 2017, p.78）。インド企業は1990年代後半から自国市場の防御から外国市場に積極的に進出するという姿勢に転じ，2006年頃から先進国での大型買収に力を注いだ（Ramamurti, 2013, p.244）。ロシア企業の対外 FDI は，自国の市場経済化が加速した2000年代に急速に増えた（Kalotay & Panibratov, 2013, p.221）。このように BRICs の対外 FDI は，2000年代に足並みを揃えて本格的な拡張期を迎えた。

3．ASEAN の対外 FDI 拡大

1）2010年代に本格化

　一方，ASEAN 諸国[7]の対外 FDI（フロー）は，2010年代になって本格的な拡大期に突入し，中国以外の BRICs，すなわちブラジル，ロシア，インド（BRI）の対外 FDI 合計額に匹敵する規模へと膨らんできた（**図表1-5**）。2000年代は BRI の合計額を一貫して下回ったが，2010年代に一気に差を縮め，15年と20年は一時逆転した。BRI の対外 FDI 合計額が08年（約980億ドル）にピークを付けたのに対し，ASEAN 諸国は2012-14年に360-370億ドル台の過去最高水準を記録した（**図表1-6，1-7**）。対外 FDI のピークが BRI より遅い時期に訪れた ASEAN が，新興国の対外 FDI の新たな担い手として浮上してきたのである。

　ASEAN 諸国の台頭は，対外 FDI のストック面からも確認できる。ASEAN 諸国の世界シェアは2010年代に BRI との差を縮め，2020年は BRI の合計2.2％に対し ASEAN は1％と約半分にまで近づいてきた。BRI 各国と比べると ASEAN 諸国はブラジル，ロシアをすでに追い抜き，インドとの差を

図表1-5　世界の対外 FDI に占めるシェア（フロー）

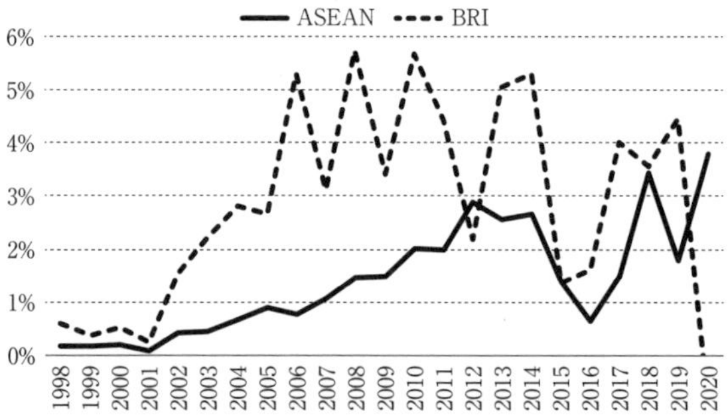

注：ASEAN はシンガポールを除く加盟9カ国。
　　BRI はブラジル，ロシア，インドで構成。
出所：UNCTADstat より筆者作成。

図表1-6　BRIの対外FDIの推移
（フロー）

（10億ドル）

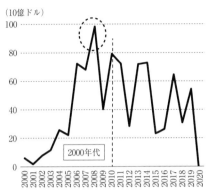

注：BRIはブラジル，ロシア，インドで構成。
出所：UNCTADstat より筆者作成。

図表1-7　ASEAN諸国の対外FDIの
推移（フロー）

（10億ドル）

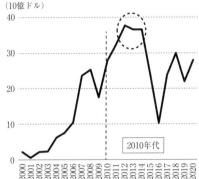

注：ASEANはシンガポールを除く加盟9
カ国。
出所：UNCTADstat より筆者作成。

さらに広げている。以上見てきたようにASEAN諸国の対外FDIの本格拡
大期はBRICsより遅い。このASEAN諸国が新興投資国の後発組であると
いう事実は，ASEAN企業の国際化を巡る議論では留意すべき点となる。

2）タイ，マレーシアが牽引役

2010年代以降のASEAN諸国の対外FDI拡大を牽引してきたのはマレー
シア，タイの両国である。マレーシアは15年まで11年連続でASEAN諸国
で最大規模の対外FDI（フロー，以下同）を行ってきた。この間，同国が
ASEAN諸国の対外FDIの40-50％台を単独で占める年が多かった。マレー
シアの対外FDIは2000年代後半から急増し，07年には対外FDIが対内FDI
を初めて追い抜き，以後15年まで9年連続でその状態が続いた。ただ，16年
以降は対外FDIの減少が目立ち，対内が対外を上回るという以前の構造に
逆戻りしている。

マレーシアに代わり，2016年から5年連続でASEAN最大の投資国となっ
たのはタイである。タイは自動車や電機・電子をはじめさまざまな業種で日

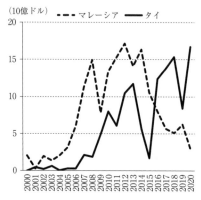

図表 1-8　タイとマレーシアの対外 FDI（フロー）

（10億ドル）　---- マレーシア　── タイ

出所：UNCTADstat より筆者作成。

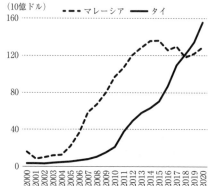

図表 1-9　タイとマレーシアの対外 FDI（ストック）

（10億ドル）　---- マレーシア　── タイ

出所：UNCTADstat より筆者作成。

本企業が多く進出しているため，投資の受け入れ国としてのイメージが強い
が，すでに出し手の側面の方が大きくなった。タイの対外 FDI は2011年に
初めて対内を上回り，それ以降は対外の方が多い年が目立っている。タイの
対外 FDI は16年にマレーシアをフローで上回った。ストックでも18年に同
国を追い抜き，ASEAN 最大の投資国[8]としての地位を一段と鮮明にしてい
る（図表 1-8，1-9）。

3）対外 FDI の主体としての ASEAN

　ASEAN 諸国は「投資国」として世界的にはどれぐらいのポジションにい
るのか。ASEAN 諸国を 1 つにまとめると，2020年の対外 FDI 額は合計約
280億ドルと世界13位に相当する規模で，2010年の18位から大きく順位を上
げている（図表 1-10）。ASEAN 諸国より順位が高い12カ国の顔ぶれを見る
と，1 位中国を除くと，残りは日本，米国，フランスなど全て高所得国[9]
である。中国以外の BRICs は，インド19位，ロシア27位と ASEAN 諸国よ
り順位は低い[10]。

　ASEAN 諸国を国別に見ると，タイの躍進が著しく，2020年の対 FDI（フ

図表1-10　世界の対外FDIランキング（2020年，フロー）

1	中国	132,940	11	シンガポール	32,375
2	ルクセンブルク	127,087	12	スウェーデン	31,014
3	日本	115,703	(13)	ASEAN	28,042
4	香港	102,224	13	スペイン	21,422
5	米国	92,811	14	UAE	18,937
6	カナダ	48,655	15	スイス	16,768
7	フランス	44,203	16	タイ	16,716
8	バージン諸島	42,280	17	台湾	14,268
9	ドイツ	34,950	18	チリ	11,583
10	韓国	32,480	19	インド	11,560

注：単位百万ドル。
資料：UNCTADstat より筆者作成。

ロー）は世界17位と上位20カ国に食い込んでおり，新興国では中国（1位）に次いで順位が高い（**図表1-10**）。タイに続く新興国は，チリ（19位），インド（20位）である。タイは，2000年代は30-40位台，10年代前半は20-30位台，同後半は10位台へと順位を上げ，新興国有数の投資国へ台頭している。

　タイの名目GDPに対する対外FDI額（ストック）の比率を計算すると，2020年は31％（世界41位）と，その10年前（2010年）の6％（73位）から大幅に上昇している。注目されるのは，タイより同比率が高い40カ国の中で，名目GDPがタイより大きいのは日米独など14カ国あるが，それらは全て高所得国という点である。すなわち，タイより同比率が高く，かつ，名目GDPの規模がタイを上回る新興国は見当たらない。このことはタイが，経済規模が大きく，かつ，経済規模に比べて対外FDI規模も大きい新興国の筆頭格であることを示す。

4）ASEANの対外FDI拡大の背景

　ASEAN諸国がBRICsより遅い2010年代に対外FDIの本格拡大期を迎えたのはなぜか。理由としては，以下の3点が考えられる。

第1に，ASEAN諸国は1990年代後半，アジア通貨危機に直撃された。ASEAN企業の中には通貨危機以前から海外事業を本格化した例もあったが，通貨危機で自国での事業が痛手を被ったり，ドル建ての債務負担が高まったりしたなどの事情から国際化意欲は総じて萎え，内向き姿勢が強まった。ASEAN企業が海外事業に本腰を入れるのは，危機の影響を脱して収益が回復し，経営体制が再び整備されてからで，その動きが鮮明になったのが2010年代であった。

　第2にASEAN各国政府の地元企業に対する海外進出支援策が2010年代に本格化したことである。たとえば，マレーシア政府は2004年から10年間をかけて有力政府系企業（government-linked companies: GLCs）を対象とする経営改革プログラムを実施した[11]。同プログラムはGLCの国際化推進を主要な目標に据え，有力GLCの海外事業を積極的に後押しした。一方，タイでも同国中央銀行が2007年，上場企業を対象に1億ドルに設定していた対外FDI上限額を撤廃し，12年には企業，個人向けに残されていた上限規制を全廃するなど対外投資の自由化を進めた（OECD, 2021, p.298）。また，対内FDI促進機関のタイ投資局（BOI）が13年，対外FDI促進を目的とする専門組織「対外投資支援センター」を新設するなど地元企業の海外進出を積極的に支援するようになった。

　マレーシア，タイ両国政府が地元企業の対外FDI拡大を促したのは，中所得国の経済成長が伸び悩む現象とされる「中所得国の罠」を巡る議論が活発化する中，自国経済の先行きに懸念を強めたからでもある。マレーシア政府は有力GLCに対し，海外事業を拡大し，自国の国民総所得（gross national income: GNI）の増加に貢献するよう求めた（NEAC, 2010, pp. 3-4）。タイ政府も少子高齢化の進展などで低成長の常態化が危惧される中，地元企業の対外FDI実行能力が一段と重要になるとの認識を強め，地元企業の国際化を促すことで「罠」からの脱却に役立てようとした（Wongviwatcai, 2013, p.10）。

　第3に域内経済統合の進展である。ASEANは2015年末，域内越境ビジネ

スを円滑化・加速するため，「ASEAN 経済共同体（ASEAN economic community: AEC）」を発足させた。AEC を巡ってはサービス貿易分野で今なお多くの規制が残るなど課題もあるが，貿易・投資に関わる障壁の削減・撤廃など経済統合の試みが着実に進められる中，ASEAN 企業の間で自国以外の域内諸国を対象とする直接投資の流れが加速した（Sirivunnabood, 2017, p.67）。マレーシアやタイなど ASEAN 各国政府が地元企業の対外進出を促したのには，地元 ASEAN 市場の経済統合に伴う商機を獲得させる狙いも込められていた。

　AEC 関連ではタイ，カンボジア，ラオス，ベトナム，ミャンマー 5 カ国が位置する大陸部 ASEAN[12]で東西，南北，南部の 3 経済回廊に代表される国際輸送インフラ整備も進められた。この中で大陸部 ASEAN の中心に位置するタイで2010年代後半からベトナムをはじめ周辺国向けの投資が急増した。その動きは有力財閥など大手に加え，中堅・中小企業にも投資の動きが広がるという，2 つの現象が同時に進行したものであった（Subhanji & Annonjarn, 2016, p.750）。

5）ASEAN 多国籍企業，「国際化の度合い」

　以上見てきたように，ASEAN 諸国の対外 FDI は2010年代以降に拡大傾向を強めたが，その裏にはもちろん，地元 ASEAN 企業の国際化進展という状況があった。それでは海外への展開に力を入れだした ASEAN 企業とはどのような企業群なのだろうか。以下では「国際化の度合い」という側面に着目し，ASEAN 企業の大まかな特徴を探ることにする。

　ここで用いるのは UNCTAD が毎年公表している「途上・移行経済の多国籍企業トップ100（金融を除く）[13]」に掲載されるデータである。このランキングは，「途上・移行経済」に本社を置く多国籍企業を，海外資産額の大きさで順位づけしたもので，ランキング入りした企業群は各国の代表的多国籍企業と言える。以下では，これらの企業を対象に算定した「多国籍化指数（the Transnationality Index: TNI）[14]」の平均値から，各国・地域の企業

群の国際化の度合いを比べよう。**図表1-11**は，2015-19年にランキング入りした多国籍企業のTNIの国・地域別平均値を算出し，その高い順に国・地域を上から並べたものである。

ASEANのTNI（5年平均，以下同）は62.9％と，台湾，香港に次いで11カ国・地域中，3番目に高い。中国（29.0％）は最も低い。ロシア，インド，ブラジルも含め，BRICsのTNIは総じて低い。TNIの構成要素別にASEANの順位を見ると，海外資産比率では台湾，香港，南アフリカに次ぐ4位（67.4％），海外売上高比率では香港，台湾，メキシコ，ブラジルに次ぐ5位（66.5％），海外従業員比率では台湾，香港，アラブ首長国連邦（UAE）に次ぐ4位（54.9％）である。

TNIは，ランキング入りした企業を対象とする限定的な数値ではあるが，各国・地域の多国籍企業の動向を探るうえで参考になる。ASEANはTNI，

図表1-11　各国・地域の企業の多国籍化指数（TNI）

（単位％）

	2015	2016	2017	2018	2019	平均
台湾	68.5	68.4	70.8	75.8	81.5	73.0
香港	73.0	76.0	73.4	66.5	73.8	72.6
ASEAN	*61.6*	*64.7*	*63.6*	*63.9*	*60.9*	*62.9*
南アフリカ	62.9	64.3	63.5	59.2	60.6	62.1
メキシコ	59.8	60.4	56.7	60.1	58.0	59.0
UAE	55.5	53.6	53.8	47.8	57.7	53.7
ブラジル	42.4	42.5	41.5	58.9	54.0	47.9
インド	51.8	47.9	48.5	49.2	38.3	47.1
韓国	39.2	36.6	35.7	39.4	44.5	39.1
ロシア	32.3	31.9	33.6	30.0	25.4	30.7
中国	26.1	29.3	29.3	31.2	29.0	29.0

注：UNCTADの「途上・移行経済の多国籍企業トップ100」ランキング（金融を除く）に5年間続けて2社以上がランクインした国・地域を抽出。
　　各国・地域の企業のTNI平均値を算出した。TNIは海外資産比率，海外売高比率，海外従業員比率の平均値。ASEANからシンガポールを除外している。
資料：UNCTAD, World Investmetn Report 各年版より筆者作成。

すなわち国際化の度合いが高い。ASEAN 企業の経営にとって海外事業の位置づけは相対的に高いとも言える。新興市場（国）多国籍企業（EMNEs）の国際化については Ramamurti & Hileman（2018）が中国企業の事例に言及しつつ「幼い（infant）多国籍企業である EMNEs は，TNI で計測される国際化の度合いが総じて低い」（p.38）と指摘している。だが，同じ EMNEs でも ASEAN 企業の TNI は総じて高いのである。BRICs 企業より国際化の本格的な時期が遅いにもかかわらず，国際化の度合いが高い点は，ASEAN の多国籍企業が持つ特徴の1つと言えよう[15]。

4．おわりに

本章では新興国全般の対外 FDI 動向を概観し，BRICs がその牽引役となってきたことをみた。特に BRICs の中でも中国の対外 FDI が突出し，同国は今や世界最大規模の投資国へと台頭したことを確認した。BRICs の対外 FDI が加速した要因も考察した。また，本研究が着目する ASEAN 諸国の対外 FDI が BRICs よりも遅く，2010年代から本格的な拡大期を迎えたことを指摘し，その背景にアジア通貨危機の影響や各国政策の支援の動き，ASEAN 経済統合の進展などがあると論じた。さらに UNCTAD のデータを分析した結果から，ASEAN 企業には後発組にもかかわらず，国際化の度合いが高いという特徴がみられることに言及した。次の第2章では，これまでの EMNEs 研究の議論を振り返るとともに，ASEAN 企業を研究対象に据えることの意義を論じる。

注
1）ここで言う「先進国」と「新興国」は，UNCTAD の定義に基づく分類である。序章の注3参照。
2）低所得国・中所得国は，世界銀行が1人当たり国民総所得（GNI）の数値（2021年）を基準に分類したもの。低所得国（1,035ドル以下）は19カ国，中所得国（1,036ドル

以上 1 万2,535ドル以下）は106カ国ある。後者は低位・中所得国の50カ国，高位・中所得国の56カ国のさらに 2 グループに分かれる。

3 ） UNCTAD のデータベースである UNCTADstat に基づく。

4 ） 以下では，中所得国と低所得国を合わせた国々を「新興国」とみなし，議論を進める。新興国はカギ括弧を付けずに表記する。

5 ） 2020年の中国単体の対新興国シェア（79％）が BRICs 全体の同シェアを上回るのは，ブラジルの対外 FDI 額が同年に大幅なマイナス（出超）となったためである。

6 ） 2004年 8 月 8 日付の日本経済新聞。

7 ） シンガポールを除く，マレーシア，タイ，フィリピン，インドネシア，ベトナムの 5 カ国。

8 ） シンガポールは除く。

9 ） ここで言う高所得国とは，世界銀行の所得分類（2021年基準）で 1 人当たり国民総所得（GNI）が 1 万2,536ドル以上の国々を指す。

10） ブラジルはこの年，対外 FDI 額が大幅なマイナスとなっている。注 5 参照。

11） マレーシア政府の動きについては，第 8 章で詳述する。

12） この 5 カ国で形成される地域は「陸の ASEAN」や「メコン圏」などと表現されることもある。

13） ここで言う「途上・移行経済」とは，OECD 加盟国（チリ，コロンビア，メキシコ，韓国，トルコを除く），OECD 未加盟の欧州連合（EU）加盟国（ブルガリア，クロアチア，ルーマニアなど 5 カ国）に加え，バミューダ，リヒテンシュタイン，モナコなど10の国・地域を除く世界の国々である。

14） TNI は，各企業の海外資産比率，海外売上高比率，海外従業員比率の 3 指標の平均値として算出される。また，ASEAN 諸国からは2015-19年に年平均約 6 社が UNCTAD「途上・移行経済の多国籍企業トップ100」にランクインしている。その他の国・地域は，中国約28社，香港約12社，韓国約 8 社，台湾約 6 社，インド約 5 社，ブラジル約 4 社などとなっている。

15） BRICs に比べ ASEAN 諸国の国内市場規模は総じて小さいことから，地元企業の海外依存度が相対的に大きいと考えられる。ASEAN 諸国で最も人口規模が大きいのはインドネシアであるが，同国企業は UNCTAD「途上・移行経済の多国籍企業ランキングトップ100（金融除く）」に 1 社もランクインしていない。

第 2 章1)

EMNEs に関する先行研究と本研究の特徴

1．はじめに

新興市場（国）を本拠地とする多国籍企業（emerging market multinational enterprises: EMNEs）に関する研究は2000年代以降に本格化し，EMNEs の国際化戦略や競争優位の源泉，外国市場への参入モードなどを主要な論点に進められてきた。EMNEs の国際化には，国際ビジネス研究の主要な対象であった先進国多国籍企業（developed market multinational enterprises: DMNEs）とは異なる特徴が見られるため，それらをどのように捉えるかが焦点となった。本章では EMNEs 研究における従来の議論を概観したうえで，本研究の位置づけを明確にする。以下，第2節で戦後の国際ビジネス研究の主流を占めた伝統的理論を振り返る。さらに1970年代頃からの初期の EMNEs 研究を概観し，2000年代以降に本格化した EMNEs 研究の代表的議論を整理する。続く第3節で近年の EMNEs 研究が中国やインドなど BRICs 企業に偏ってきた点を指摘するともに，BRICs 企業と異なる特徴を有する ASEAN 企業を分析対象に加えることで EMNEs 研究に新たな視座を提供できると論じる。第4節で本研究の特徴や2つのリサーチ・クエスチョンについて改めて述べる。

2．EMNEs に関する先行研究

1）多国籍企業の伝統理論

国際ビジネス研究はもともと DMNEs を主要な分析対象に発展してきたものである。第二次世界大戦後，貿易・投資の障壁が世界的に削減された1950–60年代に「米国，英国，大陸欧州の企業が技術，ブランド，経営スキルなど無形資産を強みに国際経営を積極化した」（Guillén & García-Canal, 2009, P.23）ことが背景にある。米企業で言えば，自動車のフォードやゼネラル・モーターズ（GM），化学のダウ・ケミカルなどが代表的な存在であ

り，これらの企業が活躍する中で多国籍企業を対象とする理論的研究が進められてきた経緯がある。

　その最初の研究となった Hymer（1960）は，産業組織論の観点から企業が多国籍化を進める動機を考察し，海外で不利な状況に打ち勝つためには現地企業を上回る優位性を持つ必要があると論じた。この「優位性」とは，①他企業よりも低コストで生産要素を手に入れる能力，②より効率的な生産関数に関する知識ないし支配を保持，③流通面の優れた能力，④製品差別化能力，などとされた（塩見・田中，2009，p.176）。国際収支上，金融部門に分類された外国直接投資（Foreign direct investment: FDI）は，国際金融の領域で研究されることが多かったが，Hymer 以降は「企業の論理」「産業の理論」として分析される「コペルニクス的転換」を果たしたのである（洞口・行本，2012，p.97）。

　Vernon（1966）が提唱したプロダクト・サイクル理論は，米系多国籍企業の FDI や国際貿易を理論的に検討したものである。新製品の開発・販売はまず米国で行われ，その製品が成熟するにつれ他の先進国に輸出され，生産拠点も移転される。そこでも成熟が進むと，やがて新興国へ生産拠点が移るといったように，製品のライフサイクルと企業の海外展開プロセスの関係が考察された。米国企業の存在感が突出していた時代背景から生まれたもので，最先端技術やノウハウは先進国企業，特に米企業が開発することが前提とされた。

　市場取引ではなく企業内取引（内部化）の視点から多国籍企業を捉えたのが Buckley & Casson（1976）である。ライセンス供与により技術知識上の優位性が消散するリスクがある場合，企業は FDI，つまり海外生産を選択すると論じた（鈴木，2018，p.68）。この内部化理論の研究の系譜には Rugman（1981）や Hennart（1982）などもある。同理論は市場取引コストを回避するため，国境を越えた活動を企業内部に直接吸収し，コントロールすることが得策との考えに基づく。多国籍企業の生成メカニズムを探るモデルとして，特に1970年代後半から国際ビジネス研究の領域で主流となった（江夏・

太田・藤井，2012，p.49）。

　企業が海外に進出する理由に関するさまざまな議論を集約し，多国籍企業の行動原理の包括的な理解を試みたのが Dunning（1979）である。その理論は当初，折衷理論（eclectic theory）と呼ばれ，その後，折衷パラダイム，さらに OLI パラダイムへと名称を変えた（高橋，2018，p.80）。折衷理論は，Hymer の産業組織論アプローチに基づく「優位性」，Buckley & Casson に代表される「内部化」，Vernon が着目した「立地」という全ての視点を包含し，代表的な多国籍企業論となった。具体的には企業が持つ固有の強みである「所有特殊的優位（ownership-specific advantages）」，現地企業に生産・販売を委託するのでなく自社で行うことが有利とみる「内部化優位（internalization advantages）」，外国に進出することで得られるさまざまな利益を意味する「立地特殊的優位（location-specific advantages）」の 3 つが揃うと，企業は FDI を行うとの議論を展開した。

　これらの理論とともに，Johanson & Vahlne（1977），（1990），Johanson & Wiedesheim-Paul（1975）による海外進出の段階的アプローチ（Uppsala model）もよく言及される。それによると，企業は時間をかけて海外で学習し，経験を深めながら，断続的な輸出→現地代理店を使った定期的な輸出→販売子会社の設立→生産子会社の設立という流れで国際化を徐々に進める。また，企業は本国と進出先との地理的距離に加え，言語や文化，政治制度などに関係する文化的距離も考慮し，それが近い国から進出する，としている。多国籍企業の国際化プロセスを段階的，漸進的に捉える考え方は，当時の主要 DMNEs の戦略に見られた特質を表現したものであった（Marchand，2018，p.505）。

　これらの伝統的理論における多国籍企業とは事実上，DMNEs を指す。そこでは圧倒的な競争優位をすでに有する DMNEs が，なぜ，どのように多国籍化するかを解明することが命題であった。ところが，DMNEs の存在のみを想定した議論では，その後の EMNEs 台頭という時代の変化を捉えきれなくなったのである。

2）EMNEs 研究の進展

　新興国による FDI の第 1 波は1970年代半ばに発生し，まず中南米企業が担い手となった。その後80年代後半〜90年代後半に第 2 波が生起し，韓国や台湾などアジア新興工業経済群（Newly Industrializing Economies: NIES）の企業の動きが活発化した（金崎，2015，P.52）。さらに2000年代は中国，インドなど BRICs 企業の多国籍化も加速し，新興国発 FDI の規模はますます拡大した。

　新興国発 FDI の第 1 波を受け，国際ビジネス研究の領域では EMNEs への関心が高まった。初期の代表的な研究に Wells（1983）や Lall（1983）がある。前者は「小規模技術（small-scale technology）」論を展開し，EMNEs は先進国で開発された技術を自国の事情に合うように改良し，それを用いて海外へ進出するとの見方を示した。一方，後者は，EMNEs は新興国市場に適するよう先進国技術を改良し，そこにイノベーションも加えるという「ローカル化された技術革新（localized technological change）」論を展開した。

　EMNEs 研究の嚆矢となったこれらの研究では，EMNEs は自国より低位の国に進出することが前提とされた。Wells（1983）は，輸入技術のコストを削減する能力から EMNEs の競争優位が生まれるとし，これを強みにEMNEs は自国と同等以下の経済水準にある他の新興国市場へ向かうと論じた（Pananond, 2007, p.358）。だが，EMNEs が実際には新興国だけでなく，自国より経済が発展した先進国でも FDI を増やしている状況を説明できず，限界を露呈した。

　1990年代以降，新興国発 FDI がさらに拡大する中，EMNEs 研究の焦点は「企業特殊的優位（firm-specific advantages: FSAs）[2]」を持たないはずの EMNEs の投資が先進国に向かう状況をどう解釈するかに移った（UNCTAD, 2006）。代表的な研究は Makino et al.（2002）であり，アジア NIES の一角を占める台湾企業の対外 FDI の動機を，①市場追求（market-seeking），②資源（労働）追求（resource [labor] -seeking），③戦略資産追求（strategic asset-seeking）に 3 分類し，このうち③が自国より発展した

国へ進出する際の動機だと指摘した。また UNCTAD（2006）は EMNEs の対外 FDI を，①市場追求，②効率性追求（efficiency-seeking），③資源追求，④創造資産追求（created asset-seeking）に 4 分類し，このうち④がFSAs の存在を前提とせず，その獲得を目指すものだと論じた。

これらの研究で言及された「戦略資産」や「創造資産」とは，技術やブランド，商標，組織能力，市場や販路，専門人材などを指す（中村，2020，p.104）。伝統的理論は国際化を進める企業はこれらの競争優位をすでに有するとみなしたが，EMNEs は持たないとみられるため，その国際化の動き，特に先進国向けの FDI を説明しにくかった。だが，海外の技術やブランドを獲得するために FDI を行うという「戦略資産（創造資産）追求」の動機が加わり，EMNEs の実際の行動と整合的な考え方が示された。

3）2000年代以降の EMNEs 研究

2000年代以降に本格期を迎えた EMNEs 研究の主要な論点は，EMNEs の国際化の進め方と競争優位の源泉の 2 つに集約される。

前者に関しては，Cuervo-Cazzura（2011），Madhok & Keyhani（2012），Mathews（2002）らが EMNEs の国際化は速度が速く，初期段階から遠方の国へ行き，買収などコミットメントの高い参入モードを好む傾向があると論じた。高リスク国への投資に中国企業が積極的である点を Buckley et al.（2007）が指摘するなど，EMNEs の国際化において観察される「冒険性」も強調された。

Guillén & García-Canal（2009）は「新興多国籍企業」と「伝統的多国籍企業」を図表 2−1 のように対比させた。これは EMNEs と DMNEs の国際化の動きをさまざまな側面から比較したもので，前者は多国籍企業の伝統的理論が想定する後者とはさまざまな面で異なるため，その行動は "puzzle（なぞ）"（Ramamurti, 2012, p.41）とも表現された。一方，EMNEs が実際に進める国際化戦略（generic strategy）に関しては，①天然資源分野の垂直統合型，②途上国市場に適した製品開発型，③低価格製品の供給型，④グ

図表2−1　新興多国籍企業と伝統的多国籍企業の比較

	新興多国籍企業	伝統的多国籍企業
国際化の速度	速い	段階的
競争優位	弱い（強化が必要）	強い（必要な資源を保有）
政治的能力	強い（不安定な政治環境に慣れている）	弱い（安定的な政治環境に慣れている）
拡張プロセス	2つの道（先進国と途上国に同時参入）	1つの道（近い国から遠くの国へ）
標準的な参入モード	外部的な成長（アライアンス，買収）	内部的な成長（全額出資子会社）
組織対応力	高い（国際的プレゼンスが小さいから）	低い（深く根付いた構造，文化）

出所：Guillén & García-Canal（2009）

ローバル規模の業界再編主導型，⑤新産業のフロントランナー型という5類型を提示した Ramamurti（2009），Ramamurti & Singh（2009）が代表的な研究であった[3]。

　もう1つの主要な論点となった EMNEs の競争優位に関しては，伝統的理論が海外で投資を行う際の前提とした FSAs を巡る議論が中核を占めた。その背景には，高度な技術や著名なブランドなど DMNEs が持つような FSAs を欠くとみられるにもかかわらず，EMNEs が海外展開を加速させているという"不可解"な状況があり，この現象をどう説明するかが焦点となった。

　この点に関し，EMNEs 研究者からは，① EMNEs は強い FSAs を持たないため，海外に行ってもうまくいかない，② EMNEs は FSA を獲得するために海外へ行く，③ EMNEs は DMNEs とは異なる新種の FSA を持つから海外へ行ける，という3つの見解が提示された[4]（Cuervo-Cazurra & Ramamurti, 2014; Gammeltoft & Hobdari, 2017; Narula & Kodiyat, 2016）。

　このうち②は，既述の Makino et al.（2002）や UNCTAD（2006）による「戦略資産（創造資産）追求」の延長線上の議論である。その代表的な研究

と言える Mathews（2006）は，EMNEs はグローバル志向が強く，外部と
のリンケージ（linkage）を梃子（leverage）にしながら，学習（learning）
を通じ能力を向上させるという「LLL モデル」を提唱した。また，Luo &
Tung（2007）は，早い時期から遠方へ行く「大胆さ」を持つ EMNEs は，
戦略的資産を獲得するための「飛び板（springboard）」として海外展開を
行っていると主張した。

3．ASEAN 企業研究の意義

1）BRICs 中心の現状

　2000年代に入ると，主要学術誌の EMNEs 特集号が「爆発的に増えていっ
た」（Cuervo-Cazurra & Ramamurti, 2014, p.273）。この現象は，新興国発
FDI の本格的な拡大期と重なるもので，その主要な研究対象となったのは
中国やインドなど BRICs の有力企業群であった（Padilla-Pérez & Gomes
Nogueira, 2016, p.694）。実際，2000-10年に主要学術誌（10誌）に掲載され
た EMNEs 論文50本を Jormanainen & Koveshnikov（2012）が調べたとこ
ろ，対象国は中国が18本と最多で，以下インド 7 本，ブラジルなど中南米諸
国の 6 本が続いた[5]。また，2011-18年に学術誌（7 誌）に掲載された
EMNEs 論文（88本）の対象国を Adarkwah & Malonæs（2020）が調べた
結果，最多は BRICs の複数国（33本）で，以下，2 位中国（28本），3 位イ
ンド（9 本）の順であった[6]（**図表 2 - 2**）。

　BRICs 企業の中でも特に注目されたのは中国企業である。Deng（2012）
によると，学術誌（45誌）に掲載された中国企業の国際化に関する論文は，
1991-2000年の 8 本から2001-10年の113本へ急増した。また，Ping et al.
（2020）が被引用件数を基準に EMNEs 研究の「代表的論文」13本を特定し
たところ，中国関連が 8 本を占めた。トップ 3 の顔触れは，1 位：Luo &
Tung（2007, 被引用回数2,387），2 位：Buckley et al.（2007, 同2,359），
3 位：Child & Rodriguez（2005, 同1,494）で，このうち 2 位は中国企業の

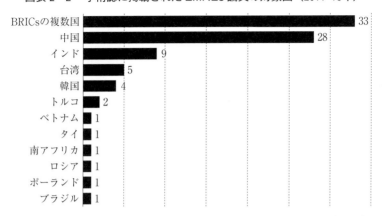

図表 2－2　学術誌に掲載された EMNEs 論文の対象国（2011-18年）

注：国際ビジネス関連の学術誌（7 誌）に掲載された企業特殊的優位（FSAs）
　　を主要テーマにした EMNEs 論文を抽出している。
出所：Adarkwah & Malonæs（2020）

対外 FDI 要因，3 位は中国企業の国際化のパターン・動機をそれぞれ分析
した論文であった。

　BRICs 企業が EMNEs 研究の主要ターゲットとなったのは「巨大新興国
を出自としている」（Williamson et al., 2013, p.313）ことが大きな理由であ
る。BRICs 4 カ国の対外 FDI 合計額（フロー）は2020年に新興国全体の 7
割超を占め，その規模は圧倒的である[7]。特に中国の対外 FDI 拡大は著し
く，同年の世界全体に占める割合は単独で過去最高の約18％を記録し，その
10年前（10年）の約 5 ％から急伸した。中国の対外 FDI は20年に初めて世
界 1 位にもなった。中国を筆頭とする BRICs の企業が2000年代以降，先進
国で大型 M&A を相次いで実施したことも世界の耳目を集めた。

　BRICs に傾斜した EMNEs 研究が続く中，その代表的企業として頻繁に
取り上げられてきたのは，中国の華為技術（ファーウェイ）やレノボ，イン
ドのタタ・グループなどの大企業群であり，これらの分析から浮かび上がっ
た国際化の進め方や競争優位の構図が EMNEs を象徴するものとみなされ
た。だが，BRICs 企業を基に進められた議論が，他の EMNEs にも当ては

まるかどうかは不明である。たとえば，中国・インドのように膨大な数の低賃金労働者が存在する国であれば地元企業は圧倒的なコスト競争力から競争優位を創出し得る（Williamson, 2015, p230）が，それ以外の新興国ではどうなのか。そこには BRICs 企業の分析からはうかがい知れない EMNEs の異なる実態が潜んでいる可能性がある。

2）ASEAN 企業の特性

EMNEs 研究者の興味が BRICs 企業に引き寄せられる中，ASEAN 企業に対しては「あまり関心が払われてこなかった」（Pananond, 2013, p.8）のが実態である。しかし，世界の成長センターと呼ばれるアジア地域では，中国・インド以外の新興諸国でも地元企業の国際化は進展している。第1章で述べた通り，とりわけ ASEAN 諸国の対外 FDI は近年顕著に拡大しており，ASEAN 諸国は新興国の有力な投資主体へと浮上している。このような現象自体が ASEAN 企業を分析対象とすべき理由になり得るが，EMNEs 研究上の意義については以下2点を強調したい。

第1に ASEAN 企業の国際化は総じて2010年代に加速し，BRICs 企業の2000年代に比べ遅い。その意味で ASEAN 企業は「新 EMNEs」と呼び得る存在である。ASEAN 諸国の対外 FDI 本格拡大期が2010年代であることは前章の統計分析ですでに確認したが，ASEAN 企業の主要な海外 M&A 案件を個別に見ても，マレーシアの IHH ヘルスケアによるトルコ最大の病院アジュバーデム買収（2012年），フィリピンの外食最大手ジョリビー・フーズ・コーポレーションによる米大手ハンバーガーチェーン，スマッシュバーガー買収（2014年），タイのセントラル・グループによる仏系大手スーパー，ビッグC（ベトナム）買収（2016年）など2010年代に急増している。

第2に ASEAN 企業は BRICs 企業に比べ総じて「中小規模」である。たとえば，米フォーチュン誌の世界企業番付「Fortune Global 500」（2021年）に登場する企業数を比べると，BRICs が152社（中国135社，インド7社，ブラジル6社，ロシア4社）なのに対し，ASEAN は合計3社に過ぎな

い8)。UNCTADのWorld Investment Reportの「途上・移行経済の多国籍企業トップ100（金融を除く）」にランキング入りした企業の海外売上高（2014-19年の平均）はロシア704億ドル，ブラジル235億ドル，中国220億ドル，インド126億ドルなのに対し，ASEANは97億ドルにとどまる。これらのランキングに登場するASEAN企業は各国を代表する有力企業群であり，絶対的規模で言えば，中小ではない。だが，世界市場という土俵ではBRICs企業ほどの存在感はなく，規模は"小振り"である。そのような状況は，中国のレノボ（パソコン）やファーウェイ（通信），インドのインフォシス（IT），ブラジルのJBS（食肉加工）のように主要な業種で世界市場に君臨するASEAN企業が見当たらないことからもうかがえる。

　ASEAN企業が「中小規模」であるのは，BRICsに比べ「中小国」を母国にしていることと関係があると考えられる9)。中国（14億2,586万人）とインド（約14億280万人）は世界1，2位の人口大国で，ブラジル（約2億1,382万人），ロシア（約1億4,547万人）も加えたBRICs4カ国で世界総人口の約4割を占める（2021年)10)。一方，ASEAN主要国はインドネシア（約2億7,289万人），フィリピン（約1億1,309万人）は1億人を超えるが，マレーシアは3,339万人，タイは7,156万人に過ぎない。名目国内総生産（GDP，2021年）は中国の世界シェアが18％強と突出し，インドが3％強，ロシアとブラジルがともに2％弱なのに対し，ASEAN諸国はインドネシアが1.2％，マレーシア，タイ，フィリピン，ベトナムは0.4-0.5％に過ぎない11)。

　BRICs企業とASEAN企業の相違は，**図表2-3**のようにまとめられる。前述の通り，EMNEsの代表例としてよく取り上げられてきたのは中国のファーウェイやレノボ，インドのタタ・グループなどの企業群である。だが，ASEAN企業はこれらBRICs企業とは異なり，「後発」「中小規模」という，いわば2つの制約の下で多国籍化のプロセスを歩んでいると言える。そのようなASEAN企業を分析対象に据えることで，BRICs色が強い従来のEMNEs研究では見落とされてきたEMNEsの新たな側面を明らかにで

図表 2-3 BRICs 企業と ASEAN 企業の違い

	BRICs 企業	ASEAN 企業
国際化の本格期	2000年代	2010年代
経営規模	大規模	中小規模
多国籍企業の事例	華為技術（中国，通信） レノボ・グループ（同，パソコン） ハイアール（同，家電） TCL（同，家電） タタ・スチール（インド，鉄鋼） ヒンダルコ（同，非鉄） JBS（ブラジル，食肉加工）	アシアタ・グループ（マレーシア，通信） ゲンティン・グループ（同，カジノ） タイ・ビバレッジ（タイ，ビール） タイ・ユニオン・グループ（同，ツナ缶） ジョリビー・フーズ・コーポレーション （フィリピン，外食） エンペラドール（同，ブランデー）

注1：ASEAN 企業にはアシアタやタイ・ビバレッジのように当該業界で東南アジア有数
　　　の規模を誇るところもあるが，世界市場の枠組みでは非上位企業であるため「中小
　　　規模」と位置づけている。一方，当該業界で世界上位のポジションに位置するエン
　　　ペラドールのような企業もあるが，企業規模はそれほど大きくない。
注2：国際化の本格期は，各グループが全体として対外 FDI の拡大に弾みがついた時期
　　　を示す。各グループに属する全ての企業に当てはまるわけではない。
出所：筆者作成。

きる可能性がある。

3）ASEAN 企業に関する先行研究

　ASEAN 企業の国際化に関する代表的な研究としては，タイ企業を対象と
する Pananond の一連の研究が挙げられる（Pananond, 2007, 2013, 2016）。
これらの研究は，EMNEs 研究の主要な流れを踏まえ，タイ企業の競争優位
の源泉や国際化のパターン（進出先や参入形態）について分析し，企業間の
ネットワークや個人的な人間関係に基づく能力に依拠しながら国際化が進め
られていることや，世界規模のバリューチェーンが発達している産業に属す
るタイ企業は多国籍化を進めやすいことなどを明らかにしたものである。
　一方，Subhanij & Annonjarn（2016）はタイ企業の対外 FDI について水
平型，垂直型，コングロマリット型に3分類し，水平型が最も多いことを実

証し，Norlia Mohd Zain（2018）はシンガポールとマレーシアの対外 FDI 動向を詳細に比較し，前者は後者よりも対先進国投資を好む傾向があるとの結論を導いている。さらに Lee & Sermcheep（2017）や牛山（2018）はマレーシアやタイ，ベトナムなどの対外 FDI の現状・特徴や地元企業の海外事業動向を国別に整理し，ASEAN 各国の諸国の状況を概観している。

　これらの研究はいずれも ASEAN 企業の対外 FDI 拡大という近年の現象に着目したものであるが，Pananond の一連の研究は対象が ASEAN 単一国の企業に限定されるものが多い。そのほかの研究は対外 FDI 統計に関する計量分析や各国企業の国際化動向を叙述的にまとめたものが目立っており，ASEAN 企業を幅広く対象に据え，EMNEs 研究の主要論点である国際化戦略や競争優位という視角から分析に取り組むという内容にはなっていない。

4．本研究の特徴

1）統合的に捉える

　既述の通り，ASEAN 企業は EMNEs 研究の中心的な対象となってきた BRICs 大企業とは異なる特徴を持つ。本研究の目的は，そのような ASEAN 企業の国際化の実態を解明することである。具体的には国籍・業種の異なる多彩な ASEAN 企業を対象に据え，「後発」「中小規模」の特徴を共有する ASEAN 企業に広く観察される国際化の特徴を浮き彫りにする。換言すれば，ASEAN 企業を統合的に捉え，タイやマレーシアといった単一国の枠を超えた「地域大」で観察される ASEAN 企業特有の現象をあぶりだす。さらにそのような現象が生じる背景は何か，個別企業の事例研究を通じて考察を加えていく。

2）本研究が取り組む課題

　本研究の核心部分は次章以降であるが，そこに進む前に本研究で設定した ASEAN 多国籍企業（ASEAN multinational enterprises: AMNEs）に関する

2つのリサーチ・クエスチョンを改めて確認したい。

---

① AMNEs は，どのような国際化戦略を進めているのか？

② AMNEs は，なぜ国際化を進めることができるのか？

---

①は，AMNEs が，どのような国際化を行っているのか，その特徴を解明するものである。まず ASEAN 主要国から国際化を積極的に進めている主要 AMNEs を抽出する。そのうえで先行研究の成果を踏まえ，それら企業群の国際化戦略を類型化する。さらに AMNEs の中核グループを海外展開先の地理的な広がり方の違いから２つのタイプに分類し，その背景を探る。

②は，海外展開を可能にする AMNEs の強み，すなわち競争優位の源泉を考察するものである。ASEAN 企業の国際化が進んでいるという事実は，そこに何らかの競争優位が存在することを示唆する。従来の EMNEs 研究では BRICs 企業を主要な対象に競争優位に関する分析が進められてきた。本研究ではこれらの先行研究の議論をベースに，AMNEs の競争優位の実態に迫る。多彩な AMNEs が共有する"汎 ASEAN 的"な構図が存在するかどうかが焦点となる。

本研究では，「国際化戦略」に関するリサーチ・クエスチョン①，「競争優位」に関するリサーチ・クエスチョン②に対する分析をそれぞれ進め，AMNEs に関する計４つの仮説を設定し，検証する。さらに個別企業の詳細な事例研究を行うことで，AMNEs の国際化戦略および競争優位の実態にさらに迫り，仮説に関する考察を深める。最後に本研究の結論，課題を述べて締めくくる（**図表２-４**）。

5．おわりに

本章では DMNEs を対象に構築された多国籍企業の伝統的理論を振り返ったうえで，EMNEs 研究を初期の段階から概観し，特に2000年代以降に本格

図表 2 - 4　本研究の流れ

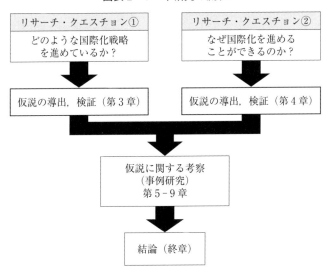

出所：筆者作成。

化した EMNEs 研究での主要な議論を整理した。さらに ASEAN 企業が持つ「後発」「中小規模」という特徴を指摘し，BRICs 大企業とは異なる属性を持つ ASEAN 企業を分析することの意義を論じ，本研究が ASEAN 企業を幅広く統合的に分析することを強調した。本研究が設定した AMNEs に関する 2 つのリサーチ・クエスチョン，本研究の流れについても説明した。次の第 3，4 章では，2 つのリサーチ・クエスチョンを解明していく。

注
1 ）本章は牛山（2021a）を大幅に加筆・修正したものである。
2 ）本稿は Narula（2012），Hennart（2012），Hernandez & Guillén（2018）などに倣い，FSAs を「所有特殊的優位（ownership-specific advantages）」と同義として使う。
3 ）Ramamurti（2009），Ramamurti & Singh（2009）については第 3 章で改めて説明する。
4 ）この 3 つの見方に関しては，第 4 章で詳述する。

5）これら以外の19本の中にも，中国企業とインド企業の双方や，ブラジルを含む中南米企業を取り上げるなど，BRICs 企業を対象としたものが11本あった。

6）国際ビジネス関連の学術誌に限定して調査を行っている。

7）第 1 章 2 節 2 ）参照。

8）シンガポール企業（ 3 社）は含まれていない。

9）「中小国」を出自とする企業が，常に「中小規模」であるわけではない。自国の中小市場に依拠して成長してきた企業は，自国の大市場をバックに成長を遂げた企業に比べれば，総じて相対的に規模が小さいという意味である。

10）各国の人口は，国連 World Population Prospects 2022の推計値。ただし，2023年に入り，インドの人口は中国を上回り，世界一の規模になったと報じられている（2023年 4 月 2 日付の日本経済新聞）。

11）IMF, World Economic Outlook Database, April 2023に基づく。

第 3 章 [1)]

ASEAN 多国籍企業の
国際化戦略に関する分析

1．はじめに

　本章では ASEAN 多国籍企業（ASEAN multinational enterprises: AMNEs）の国際化戦略を分析する。この作業は，本研究で設定したリサーチ・クエスチョン①「AMNEs は，どのような国際化を進めているのか」を解明する作業である。具体的には，主要 AMNEs の顔触れをまず特定し，それらの国際化戦略の特徴について，Ramamurti (2009)，Ramamurti & Singh（2009）の分析枠組みを参考にしながら考察する。また，事業展開先の地理的な広がり方の違いから，主要 AMNEs の中核企業群を 2 グループに分け，それらの国際化戦略に関して 2 つの仮説を設定し，回帰分析によって検証する。

2．主要 AMNEs の特定

　主要 AMNEs の国際化戦略を分析するための準備として，まず，それら企業群の顔触れを特定する必要がある。本節ではマレーシア，タイ，フィリピン，インドネシア，ベトナムの 5 カ国から主要 AMNEs を選び出す。
　具体的な作業は，以下の手順で行う。

①　日本経済新聞社が日々算出しているアジアの有力銘柄を対象とする代表的な株価指数「日経アジア300」[2]の採用銘柄に含まれる上記 ASEAN 5 カ国の企業をピックアップする。
②　これらの企業から，Oh & Rugman (2014)，Rugman & Nguyen (2014) などの先行研究に倣い，「海外売上高10％以上」の基準をクリアする企業を選び出す[3]。海外売上高に関する公開情報がない企業や外国企業の現地法人は対象外とする。
③　同指数の不採用銘柄であっても，現地メディア等で海外での企業買収や工場建設などの情報がしばしば伝えられ，前述の「海外売上高10％以

図表3-1 主要ASEAN多国籍企業（AMNEs）

（タイ19社）

社名	業種	海外売上高比率
イタリアン・タイ・デベロップメント（イタルタイ）	建設	32.6%
インドラマ・ベンチャーズ	ペットボトル原料	95.4%
サイアム・セメント・グループ（SCG）	セメント	40.6%
タイ・ビバレッジ	ビール	25.2%
タイ・ユニオン・グループ	ツナ缶	88.0%
チャロン・ポカパン・フーズ（CPF）	飼料，養鶏，食肉加工	73.0%
バンコク銀行	銀行	13.4%
マイナー・インターナショナル	ホテル	74.4%
サイアム・シティ・セメント	セメント	47.2%
セントラル・リテール・コーポレーション	小売り	25.6%
デュシタニ	ホテル	32.8%
TOAペイント	塗料	13.7%
エレクトリシティ・ジェネレーティング（EGCO）	電力	29.9%
BCPG	電力	10.7%
PTTエクスプロレーション・アンド・プロダクション（PTTEP）	石油	29.1%
タイ石油公社（PTT）	石油	38.3%
バンプー	石炭	94.5%
スリトラン・グループ	天然ゴム，ゴム手袋	81.7%
SVI	電子機器受託製造サービス（EMS）	97%以上

（マレーシア17社）

社名	業種	海外売上高比率
CIMBグループ・ホールディングス	銀行	31.0%
IHHヘルスケア	病院	82.6%
QLリソーシズ	養鶏	33.0%
YTLコーポレーション	インフラ（水道事業）	61.3%
アシアタ・グループ	通信	73.0%
エアアジア	航空	60.2%
ゲンティン・グループ	カジノ	58.6%
サプラ・エナジー	海洋掘削サービス	74.4%
パブリック・バンク	銀行	10.0%
マラヤン・バンキング（メイバンク）	銀行	38.2%
マレーシア・エアポーツ・ホールディングス（MAHB）	空港運営	25.3%
グアン・チョン	カカオ豆加工	57.9%

ガムダ	建設	22.4%
パークソン・ホールディングス	百貨店	78.3%
ペトロナス・ケミカル・グループ	石油化学	60.7%
トップ・グローブ	ゴム手袋	24.0%
ハルタレガ	ゴム手袋	99.7%

（フィリピン7社）

社名	業種	海外売上高比率
インターナショナル・コンテナターミナル・サービシズ（ICTSI）	港湾運営	50%以上
ジョリビー・フーズ・コーポレーション	ファストフード, カフェ	28.1%
ユニバーサル・ロビーナ	スナック, ビスケット	31.4%
サン・ミゲル・ブルワリー	ビール	10.0%
エンペラドール	ブランデー	35.0%
DMCIホールディングス	石炭, ニッケル	28.3%
インテグレーテッド・マイクロエレクトロニクス（IMI）	電子機器受託製造サービス（EMS）	79.2%

（インドネシア4社）

社名	業種	海外売上高比率
インドフード・スクセス・マクムル	即席めん	11.0%
アダロ・エナジー	石炭	74.0%
アネカ・タンバン	非鉄(ニッケル)	64.0%
ブキット・アサム	石炭	41.0%

（ベトナム4社）

社名	業種	海外売上高比率
ベトナム・デイリー・プロダクツ(ビナミルク)	乳製品	15.6%
ベトナム軍隊工業通信グループ(ベトテル)	通信	10%台
ベトジェットエア	航空	67.6%
FPT	ソフトウエア開発	41.0%

注：選定基準は「本章の2節主要AMNEsの特定」を参照。業種名は，各社が国際化を進めている中心的なものを明記。海外売上高比率は2019年度決算から抜粋・算出。一部企業（CIMB，パブリック・バンク等）は，税引き前利益の海外比率を用いた。トップ・グローブの同比率は，本国（マレーシア）以外の工場から出荷されたものが海外売上高とされている。同比率が「◎%以上」，「○○%台」となっている企業は，決算資料等に書かれている情報などから得られた数字を記した。エアアジアの現社名は，キャピタルAである。

出所：筆者作成。

上」の基準をクリアする企業を別途選ぶ。

④　②と③の作業により特定された企業群に若干の調整[4]を行い，主要
AMNEs の顔触れを最終的に確定する。

　以上の作業を行った結果，主要 AMNEs として特定されたのは51社であっ
た（**図表3-1**）。具体的な作業の経緯を記すと，①でまず97社が選ばれ，②
でそのうち40社が残った。一方，③で16社が別途選ばれ，②と合わせ計56社
となり，④で最終的に51社に絞り込まれた。51社の国別内訳は，タイ19社，
マレーシア17社，フィリピン7社，ベトナム・インドネシア各4社である。

　主要 AMNEs51社のうち，タイとマレーシアで計36社と全体の7割強を占
めるのは，対外 FDI 残高の大きさからうかがえるように，両国では地元企
業の国際化が相対的に進んでいるためと考えられる[5]。一方，ASEAN で最
大の経済規模を持つインドネシアが4社にとどまるのは，人口約2億7000万
人超の大きな国内市場が存在するため「地元有力企業の大半が国内事業に特
化している」（Carney & Dieleman, 2011, p.114）ためと考えられる[6]。

3．国際化戦略の類型化

1）分析枠組み

　2000年代から活発化した EMNEs 研究では，EMNEs がどのような国際化
戦略を進めているかが主要な論点の1つとなった。このなかで Ramamurti
(2009)，Ramamurti & Singh（2009）によって提示されたのが，EMNEs の
「国際化戦略（generic strategy）」5類型である。これらは，①「天然資源
分野の垂直統合型（Natural-resource vertical integrator）」，②「途上国市
場に適した製品開発型（Local optimizer）」，③「低価格製品の供給型（Low-cost
partner）」，④「グローバル規模の業界再編主導型（Global consolidator）」，
⑤「新産業のフロントランナー型（Global first-mover）」で構成され，その
後の EMNEs 研究において「最も参照されるものになった」（Gammeltoft &

Hobdari, 2017, p.3)。この分析は主として中国やインドなど BRICs 大企業の観察結果に基づいており，各類型に該当する事例として多くの BRICs 企業が挙げられている[7]。

BRICs 企業と同じ EMNEs に分類される AMNEs の国際化戦略を分析対象とする本研究も，Ramamurti（2009），Ramamurti & Singh（2009）の分析枠組みを参考にするが，その枠組みに以下 2 点の修正を施す。

第 1 に，④「グローバル規模の業界再編主導型」の呼称を「国境を越えた業界再編関与型」へ改め，対象企業の幅を広げる。これは AMNEs にはBRICs 大企業のように国際的に大きな影響を及ぼす「業界再編主導型」は相対的に少ないものの，業界中下位もしくは地域限定的な規模で越境 M&A等を推進している事例が少なくないとみられるため，これらの企業も分析に取り込む狙いがある。

第 2 に，⑤の「新産業のフロントランナー型」を，上記の「国境を越えた業界再編関与型」へ統合する。「新産業のフロントランナー型」に分類される企業は，ハイテクや再生可能エネルギー等の先端分野で越境 M&A 等により海外事業を拡大している企業群を指す。このような国際化戦略は「国境を越えた業界再編関与型」に重なるため，それと統合し，類型を簡素化する。

図表 3-2　本研究で用いる国際化戦略の 4 類型

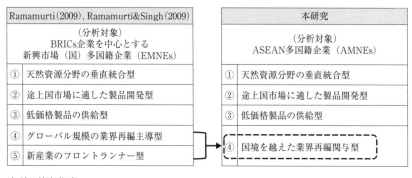

Ramamurti(2009), Ramamurti&Singh(2009)	本研究
（分析対象） BRICs企業を中心とする 新興市場（国）多国籍企業（EMNEs）	（分析対象） ASEAN多国籍企業（AMNEs）
① 天然資源分野の垂直統合型	① 天然資源分野の垂直統合型
② 途上国市場に適した製品開発型	② 途上国市場に適した製品開発型
③ 低価格製品の供給型	③ 低価格製品の供給型
④ グローバル規模の業界再編主導型	④ 国境を越えた業界再編関与型
⑤ 新産業のフロントランナー型	

出所：筆者作成。

　Ramamurti（2009），Ramamurti & Singh（2009）が提示した5類型と，これに修正を施した本研究で用いる4類型の対比は，**図表3-2**の通りである。

2）類型化の結果

　次に第2節で特定した主要AMNEs51社の国際化戦略が，**図表3-2**で示された4類型のどれに当てはまるか調べる。この作業では，以下2点に留意する。第1に現在進行中の戦略に着目し，時系列の変化は考えない。第2に同一企業で複数の戦略が観察される場合，より顕著な1つの戦略に絞る。51社の中には複数の戦略に該当する例があったが，すべて1つの類型に絞り込んだ[8]）。

　これらの作業の結果，主要AMNEsの国際化戦略は，「国境を越えた業界再編関与型」が37社と最多となり，以下，「天然資源分野の垂直統合型」9社，「低価格製品の供給型」5社が続いた。「途上国市場に適した製品開発型」に該当する企業はなかった（**図表3-3**）。各類型に分類された企業数から判断すると，主要AMNEsが進める代表的な国際化戦略は「業界再編関与型」であり，このタイプに属する37社を主要AMNEsの中核グループを構成する企業群とみなすことができる。

　BRICs企業を主な対象としたRamamurti（2009），Ramamurti & Singh（2009）の研究では，国際化戦略として提示した5類型のうち，どれが中心的な戦略か明示せず，各類型が均等に論じられた。これに対し，AMNEsに特化した本研究では，「国境を越えた業界再編関与型」への偏在が目立つことから，これをAMNEsが進める中心的な国際化戦略と位置づける。

　この「業界再編関与型」に該当するAMNEsにおいて頻繁に観察されるのは越境M&Aの動きである。たとえばツナ缶メーカーのタイ・ユニオン・グループ（タイ），ペットボトル原料メーカーのインドラマ・ベンチャーズ（同），ブランデーメーカーのエンペラドール（フィリピン）などは欧米企業を狙ったM&Aを繰り返し，各業界で世界のトップ企業へ躍り出た。これらの企業は世界市場の再編を主導する存在と言え，Ramamurti（2009），

図表 3-3　主要 AMNEs の類型化

(国境を越えた業界再編関与型，37社)

社名	国籍	業種
イタリアン・タイ・デベロップメント(イタルタイ)	タイ	建設
インドラマ・ベンチャーズ	タイ	ペットボトル原料
サイアム・セメント・グループ(SCG)	タイ	セメント
タイ・ビバレッジ	タイ	ビール
タイ・ユニオン・グループ	タイ	ツナ缶
チャロン・ポカパン・フーズ(CPF)	タイ	飼料，養鶏，食肉加工
バンコク銀行	タイ	銀行
マイナー・インターナショナル	タイ	ホテル
サイアム・シティ・セメント	タイ	セメント
セントラル・リテール・コーポレーション	タイ	小売り
デュシタニ	タイ	ホテル
TOA ペイント	タイ	塗料
エレクトリシティ・ジェネレーティング(EGCO)	タイ	電力
BCPG	タイ	電力
CIMB グループ・ホールディングス	マレーシア	銀行
IHH ヘルスケア	マレーシア	病院
QL リソーシズ	マレーシア	養鶏
YTL コーポレーション	マレーシア	インフラ(水道事業)
アシアタ・グループ	マレーシア	通信
エアアジア	マレーシア	航空
ゲンティン・グループ	マレーシア	カジノ
サプラ・エナジー	マレーシア	海洋掘削サービス
パブリック・バンク	マレーシア	銀行
マラヤン・バンキング(メイバンク)	マレーシア	銀行
マレーシア・エアポーツ・ホールディングス(MAHB)	マレーシア	空港運営
グアン・チョン	マレーシア	カカオ豆加工
ガムダ	マレーシア	インフラ
パークソン・ホールディングス	マレーシア	百貨店
インターナショナル・コンテナターミナル・サービシズ(ICTSI)	フィリピン	港湾運営
ジョリビー・フーズ・コーポレーション	フィリピン	ファストフード，カフェ
ユニバーサル・ロビーナ	フィリピン	スナック，ビスケット
サン・ミゲル・ブルワリー	フィリピン	ビール

エンペラドール	フィリピン	ブランデー
インドフード・スクセス・マクムル	インドネシア	即席めん
ベトナム・デイリー・プロダクツ(ビナミルク)	ベトナム	乳製品
ベトナム軍隊工業通信グループ(ベトテル)	ベトナム	通信
ベトジェットエア	ベトナム	航空

(天然資源分野の垂直統合型,9社)

社名	国籍	業種
PTT エクスプロレーション・アンド・プロダクション (PTTEP)	タイ	石油
タイ石油公社(PTT)	タイ	石油
バンプー	タイ	石炭
スリトラン・グループ	タイ	天然ゴム,ゴム手袋
ペトロナス・ケミカル・グループ	マレーシア	石油化学
DMCI ホールディングス	フィリピン	石炭,ニッケル
アダロ・エナジー	インドネシア	石炭
アネカ・タンバン	インドネシア	非鉄(ニッケル)
ブキット・アサム	インドネシア	石炭

(低価格製品の供給型,5社)

社名	国籍	業種
SVI	タイ	電子機器受託製造サービス (EMS)
トップ・グローブ	マレーシア	ゴム手袋
ハルタレガ	マレーシア	ゴム手袋
インテグレーテッド・マイクロエレクトロニクス (IMI)	フィリピン	電子機器受託製造サービス (EMS)
FPT	ベトナム	ソフトウエア開発

(途上国市場に適した製品開発型,0社)

社名	国籍	業種
該当企業なし		

注:表中の4類型は,Ramamurti(2009),Ramamurti & Singh(2009)をベースに筆者
　　が整理し直したもの。業種は,各 AMNEs が海外事業を展開している中心的なもの
　　(品目・サービス)が記されている。チャロン・ポカパン・フーズ(タイ)やユニバー
　　サル・ロビーナ(フィリピン)のように複数の業種が記載されているケースもある。
出所:筆者作成。

Ramamurti & Singh（2009）が提示した「グローバル規模の業界再編主導型」と重なる動きを見せている。

　一方，銀行の CIMB グループ・ホールディングス（マレーシア），ビールメーカーのタイ・ビバレッジ（タイ），通信会社のベトナム軍隊工業通信グループ（ベトテル）などは当該業界の世界上位企業ではないものの，M&A や子会社設立により海外事業を積極的に拡大している。グローバル規模で業界再編を主導しているという存在ではないが，地域限定ないしは業界中下位で国際的な業界再編の動きには関与しているのである。

　主要 AMNEs が最も多く進めている「業界再編関与型」の国際化戦略については，次節以降で詳細な分析を行うが，本節では以下，それ以外の「天然資源分野の垂直統合型」，「低価格製品の供給型」，さらに該当企業なしの結果となった「途上国市場に適した製品開発型」について説明しておく。

　まず，「天然資源分野の垂直統合型」にはタイ国営のタイ石油公社（PTT）やインドネシア国営石炭会社のブキット・アサム，同非鉄会社のアネカ・タンバンなど9社が分類された。これらの企業は，海外での資源調達という上流部門や自国資源の海外販売という下流部門で国際展開を行っている。各国経済にとって重要な天然資源の輸出入に深く関わっていることから，政府と密接な関係にある企業が目立つ。「天然資源分野の垂直統合型」は AMNEs だけでなく，BRICs 企業をはじめ他の EMNEs，さらに先進国企業でも観察されるものである。

　一方，「低価格製品の供給型」は，マレーシアのゴム手袋メーカー，トップ・グローブやフィリピンの電子機器受託製造サービス（EMS），インテグレーテッド・マイクロエレクトロニクス（IMI），ベトナムのソフトウェア開発企業，FPT など5社が分類された。いずれも低コスト生産を強みに先進国の市場・企業向けを中心に製品を供給している。Ramamurti（2009），Ramamurti & Singh（2009）では「低価格製品の供給型」該当する主要な事例として，IT サービスのウィプロやインフォシス，後発薬のドクター・レディーズなどインド企業を挙げている。同じ EMNEs である AMNEs に

おいても，これらの企業と同様にコスト競争力を武器に先進国市場に依拠した戦略を進めているケースが観察される。

最後の「途上国市場に適した製品開発型」については，Ramamurti（2009），Ramamurti & Singh（2009），Williamson & Zheng（2009）[9]では中国家電メーカーのハイセンス，インド自動車メーカーのタタ・モーターズとマヒンドラ・アンド・マヒンドラなどが該当例として挙げられていたが，本研究では主要AMNEsには見当たらないという結果になった[10]。

Williamson et al.（2013）は「途上国市場に適した製品開発型」の出現パターンとして，大規模・高成長の母国市場が存在し，そこで地元消費者のニーズに合致した製品の開発で成功した後，他の新興国市場へ進出する，というプロセスの存在を指摘している。この類型に該当する主要AMNEsが見当たらないのは，ASEAN各国の市場がBRICs市場に比べ総じて小規模であることから，地元仕様の製品開発に対する意欲がAMNEsの間では相対的に乏しいことが関係している可能性がある。

4．「グローバル型」と「リージョナル型」

本節では，前節の作業で特定した「国境を越えた業界再編関与型」37社（図表3-4）を対象に詳細な分析を行う。これら37社は，主要AMNEsにおいて最も多く観察される国際化戦略を進めているため，その中でも中核グループを形成する企業群と位置づけられる。以下では，事業展開先の地理的な広がり方の違いに着目し，これら37社を「グローバル型」と「リージョナル型」に分類する。2つのタイプに区別する狙いは，アジアという地理的な枠組みを超えて事業を展開している前者と，アジアという，いわば“ホームグランド”での経営に傾斜している後者を対比させることで，AMNEsの国際化戦略の特徴を探る手掛かりにするためである。この作業を通じ，本節ではAMNEsの国際化戦略に関する仮説を導出する。

図表 3 - 4 「国境を越えた業界再編関与型」の AMNEs37社（国別）

マレーシア（14社）

社名	業種
CIMB グループ・ホールディングス	銀行
IHH ヘルスケア	病院
QL リソーシズ	養鶏
YTL コーポレーション	インフラ（水道事業）
アシアタ・グループ	通信
エアアジア	航空
ゲンティン・グループ	カジノ
サプラ・エナジー	海洋掘削サービス
パブリック・バンク	銀行
マラヤン・バンキング（メイバンク）	銀行
マレーシア・エアポーツ・ホールディングス（MAHB）	空港運営
グアン・チョン	カカオ豆加工
ガムダ	インフラ
パークソン・ホールディングス	小売り

タイ（14社）

社名	業種
イタリアン・タイ・デベロップメント（イタルタイ）	建設
インドラマ・ベンチャーズ	ペットボトル原料
サイアム・セメント・グループ（SCG）	セメント
タイ・ビバレッジ	ビール
タイ・ユニオン・グループ	ツナ缶
チャロン・ポカパン・フーズ（CPF）	飼料，養鶏，食肉加工
バンコク銀行	銀行
マイナー・インターナショナル	ホテル
サイアム・シティ・セメント	セメント
セントラル・リテール・コーポレーション	小売り
デュシタニ	ホテル
TOA ペイント	塗料
エレクトリシティ・ジェネレーティング（EGCO）	電力
BCPG	電力

フィリピン（5社）

社名	業種
インターナショナル・コンテナ・ターミナル・サービシズ（ICTSI）	港湾運営
ジョリビー・フーズ・コーポレーション	ファストフード，カフェ
ユニバーサル・ロビーナ	スナック，ビスケット
サン・ミゲル・ブルワリー	ビール
エンペラドール	ウイスキー

ベトナム（3社）

社名	業種
ベトナム・デイリー・プロダクツ（ビナミルク）	乳製品
ベトナム軍隊工業通信グループ（ベトテル）	通信
ベトジェットエア	航空

インドネシア（1社）

社名	業種
インドフード・スクセス・マクムル	即席めん

注：業種については表3-1，3の注参照。
出所：筆者作成。

1）分類基準

まず，以下の手順に従い，「業界再編関与型」に該当する AMNEs37社を
「グローバル型」と「リージョナル型」に分ける。

① 　各社の海外売上高，海外資産額，海外子会社数，海外従業員の4項目
　　について，どれぐらいがアジアで占められるかを示す「アジア比率」を
　　それぞれ算出する。ここで言うアジアとは，AMNEs の地元である
　　ASEAN（東南アジア）に加え，日本や中国が位置する北東アジア，イ
　　ンドなどがある南アジアも含む地域を指す[11]。
② 　①の結果，「アジア比率」が50％を超える項目の方が多い AMNEs を
　　「リージョナル型」，逆に少ない AMNEs を「グローバル型」にそれぞ
　　れ分類する[12]。海外事業に関する数値情報が欠落し，アジア比率が計

算できない項目がある場合，計算可能な項目のみで判断する（たとえ
ば，アジア比率が3項目しか計算できない場合，50%超の項目が2つ以
上であれば，その企業を「リージョナル型」に分類する）[13]。
③　②の基準をベースにしつつ，経営者の姿勢，経営目標など定性情報も
考慮したうえで，各AMNEsの分類を最終的に確定する。

Rugman & Verbeke（2004），Collison & Rugman（2007）など多国籍企
業の地理的な展開状況を分析した代表的な研究では，主に売上高や資産額を
基準に分析が進められているが，本研究は子会社数，従業員数も加えて多面
的に検証する。また，定性情報も考慮するのはHeenan & Perlmutter
（1979）の考え方に依拠したものである。そこでは多国籍企業の活動を把握
するには「組織・構造基準（海外子会社数など）」，「成果基準（海外売上高
や海外資産額など）」に加え，「姿勢基準（トップの経営志向など）」からの
検討も必要と指摘されている（江夏・桑名編，2018，pp.8-9）。本研究も，
この考え方を取り入れることにする。

2）「グローバル型」と「リージョナル型」の特定

①〜③の作業の結果，AMNEs37社は「グローバル型」18社，「リージョ
ナル型」19社に分かれた（**図表3-5**）。国籍別内訳は，前者がマレーシア6
社，タイ5社，フィリピン4社，ベトナム2社，インドネシア1社，後者は
タイ9社，マレーシア8社，フィリピンとベトナム各1社である。両グルー
プともマレーシアとタイの企業が多く，「グローバル型」はフィリピン企業
も目立つ。

具体的な企業名を挙げると，「グローバル型」は，タイ企業でツナ缶のタ
イ・ユニオン・グループ，ペットボトル原料のインドラマ・ベンチャーズ，
ホテルのマイナー・インターナショナル，マレーシア企業でカジノ運営のゲ
ンティン・グループ，病院のIHHヘルスケア，フィリピン企業で港湾運営
のインターナショナル・コンテナ・ターミナル・サービシズ（ICTSI）など

図表 3-5　「グローバル型」AMNEs と「リージョナル型」AMNEs

グローバル型（18社）

社名	国籍	業種
YTL コーポレーション	マレーシア	インフラ（水道事業）
サプラ・エナジー	マレーシア	海洋掘削サービス
IHH ヘルスケア	マレーシア	病院
ゲンティン・グループ	マレーシア	カジノ
グアン・チョン	マレーシア	カカオ豆加工
マレーシア・エアポーツ・ホールディングス（MAHB）	マレーシア	空港オペレーター
インドラマ・ベンチャーズ	タイ	ペットボトル原料
タイ・ユニオン・グループ	タイ	ツナ缶
チャロン・ポカパン・フーズ（CPF）	タイ	飼料，養鶏，食肉加工
セントラル・リテール・コーポレーション	タイ	百貨店
マイナー・インターナショナル	タイ	ホテル
エンペラドール	フィリピン	ブランデー
インターナショナル・コンテナターミナル・サービシズ（ICTSI）	フィリピン	港湾運営
ジョリビー・フーズ・コーポレーション	フィリピン	ファストフード，カフェ
ユニバーサル・ロビーナ	ベトナム	スナック，ビスケット
ベトナム・デイリー・プロダクツ（ビナミルク）	ベトナム	乳製品
ベトナム軍隊工業通信グループ（ベトテル）	ベトナム	通信
インドフード・スクセス・マクムル	インドネシア	即席めん

リージョナル型（19社）

社名	国籍	業種
イタリアン・タイ・デベロップメント（イタルタイ）	タイ	建設
サイアム・セメント・グループ（SCG）	タイ	セメント
タイ・ビバレッジ	タイ	ビール
バンコク銀行	タイ	銀行
サイアム・シティ・セメント	タイ	セメント
TOA ペイント	タイ	塗料
エレクトリシティ・ジェネレーティング（EGCO）	タイ	電力
BCPG	タイ	電力
デュシタニ	タイ	ホテル

CIMB グループ・ホールディングス	マレーシア	銀行
QL リソーシズ	マレーシア	養鶏
アシアタ・グループ	マレーシア	通信
エアアジア	マレーシア	航空
パブリック・バンク	マレーシア	銀行
マラヤン・バンキング(メイバンク)	マレーシア	銀行
ガムダ	マレーシア	建設
パークソン・ホールディングス	マレーシア	百貨店
サン・ミゲル・ブルワリー	フィリピン	ビール
ベトジェットエア	ベトナム	航空

注：「グローバル型」と「リージョナル型」の分類方法は，「本章4節1）分類基準」参照。
　　業種については図表3-1，3の注参照。
出所：筆者作成。

　が該当した。これら企業の海外売上高の非アジア比率は，マイナーが約9割，タイ・ユニオンが約8割，インドラマが約7割に達している。

　一方，「リージョナル型」は，タイ企業ではビールメーカーのタイ・ビバレッジ，建設のイタリアン・タイ・デベロップメント（イタルタイ），サイアム・セメント・グループ（SCG）など，マレーシア企業では銀行のCIMBグループとマラヤン・バンキング（メイバンク），百貨店のパークソン・ホールディングスなど，フィリピン企業ではビールメーカーのサンミゲル・ブルワリーなどが含まれる。これら「リージョナル型」AMNEsでは，多くのケースで海外売上高に占めるアジア比率が8割を超えている。

　AMNEs37社を「グローバル型」と「リージョナル型」に分類するに当たっては，既述の通り，まず海外売上高や海外資産額などの「アジア比率」を判断材料とした。図表3-6に示す通り，「リージョナル型」の企業群は年次報告書などから「アジア比率」を入手，算出できるケースが多く，同比率の高さから「リージョナル型」に分類された企業が大半である[14]。

　一方，「グローバル型」で「アジア比率」が低いとの理由[15]から分類されたのは，インドラマ（タイ），タイ・ユニオン（同），エンペラドール（フィ

リピン）など 8 社であった。残りの10社は，「アジア比率」が高い指標と低い指標が同数であったマイナー（タイ）やジョリビー・フーズ（フィリピン）など 5 社，「アジア比率」が高い指標の方が多かったチャロン・ポカパン・フーズ（CPF，タイ）やセントラル・リテール（タイ）など 5 社という内訳である。これら10社を最終的に「グローバル型」に分類したのは，経営者の姿勢や実際の海外事業戦略など定性情報を考慮に入れた結果である。

　具体的には，これら10社の多くに観察されるのは，欧米などアジア域外での積極的な M&A 戦略だ。たとえばマイナーは2018年に欧州の大手ホテルチェーン，NH ホテルグループを約25億ユーロ（約3,200億円，当時の為替レートで換算）で買収するなどアジア域外で M&A を推進。傘下のホテルの約 6 割（2020年末）は欧州にあり，「グローバル型」の色彩が濃い。

　また，CPF は欧米での相次ぐ M&A により海外工場の半数超がアジア域外にある。セントラル・リテールはイタリア，スイス，英国などの百貨店，ゲンティン（マレーシア）は米国，英国などのカジノ，ジョリビー・フーズは米国の大手ハンバーガーチェーンや大手カフェチェーンをそれぞれ買収するなど，いずれも「グローバル型」の経営戦略が鮮明である（**図表 3-6**）。

　「リージョナル型」に該当する AMNEs19社の多くも，M&A を近年活発化させているが，その主要な地域は ASEAN を中心とするアジア域内にとどまっている。この点は，「グローバル型」とは明らかに異なる現象である。

5．仮説の設定と検証

1）仮説の設定

　前節の作業で特定した「グローバル型」と「リージョナル型」にそれぞれ該当する AMNEs を比べると，前者はペットボトル原料やツナ缶，ブランデー，カジノ，即席めん，カカオ豆加工など，後者は銀行，電力，建設，航空などの業種で構成されている[16]。全体的に前者は中小規模，後者は大規模の業種が多いとの印象があり，業種規模と関係がありそうなことをうかが

59

図表 3-6 「グローバル型」と「リージョナル型」の各指標及び海外展開の特徴

グローバル型（18社）

社名	①海外売上高アジア比率	②海外資産額アジア比率	③海外従業員アジア比率	④海外子会社アジア比率	海外展開の特徴
YTLコーポレーション	58%	26%	—	36%	英国で水道事業を買収。
サプラ・エナジー	34%	—	60%	30%	中東・アフリカ，豪州，米国などに展開。
IHHヘルスケア	68%	85%	73%	77%	トルコの大手病院を買収。東欧にも進出。世界最大の多国籍病院。
ゲンティン・グループ	74%	53%	—	44%	米国，英国などで現地カジノを相次ぎ買収。
タアン・チョン	96%	91%	—	17%	欧州で企業買収や土地取得。アフリカに生産拠点。
MAHB	—	—	—	0%	トルコに空港を保有。カタールで運営受託。
インドラマ・ベンチャーズ	33%	18%	—	18%	海外M&A多い。欧米，アフリカ，アジアなどに120超の生産拠点。
タイ・ユニオン・グループ	20%	73%	—	9%	M&Aを通じて世界最大のツナ缶メーカーに。
CPF	79%	—	—	55%	海外工場の半数超がアジア域外。欧米で相次ぎM&Aを実施。
セントラル・リテール	71%	62%	91%	86%	イタリア，スイス，英国等で百貨店買収。グローバル展開が顕著。
マイナー・インターナショナル	7%	—	—	56%	欧州での買収が目立つ。傘下のホテル（約530）の約6割が欧州。
エンペラドール	—	—	0%	5%	世界最大のブランデーメーカー。メキシコやスペインで買収。
ICTSI	—	—	—	24%	アジア，アフリカ，中南米，中東などで事業を展開。
ジョリビー・フーズ	—	—	—	53%	米国の大手カフェ，ハンバーガーチェーンなどを相次ぎ買収。
ユニバーサル・ロビーナ	—	—	—	49%	オーストラリア，ニュージーランドで地元企業を買収。
ビナミルク	—	—	—	50%	米国やニュージーランドで買収を実施。
ベトテル	—	—	—	53%	アジア以外ではタンザニア，モザンビーク，ブルンジなどに進出。
インドフード	5%	—	—	86%	買収によりナイジェリア，ガーナ，エジプトなどで事業展開。

リージョナル型（19社）

社名	①海外売上高アジア比率	②海外資産額アジア比率	③海外従業員アジア比率	④海外子会社アジア比率	海外展開の特徴
イタルタイ	86%	38%	—	74%	インド、バングラデシュ、ミャンマーなどで事業を展開。
SCG	53%	80%	97%	89%	ベトナム、インドネシアを中心とするASEAN経営に注力。
タイ・ビバレッジ	76%	—	—	77%	ベトナム最大のビール会社を買収。
バンコク銀行	100%	—	—	94%	インドネシア大手銀行を買収。
サイアム・シティ・セメント	86%	100%	—	100%	カンボジア、スリランカ、バングラデシュなどに生産拠点。
TOAペイント	100%	100%	—	100%	ベトナム、ラオス、カンボジア、ミャンマーなどへ進出。
EGCO	92%	78%	100%	46%	韓国、ベトナム、ラオス、フィリピンへ進出。
BCPG	100%	100%	—	—	ラオス、ベトナム、マレーシア、日本へ進出。
デュシタニ	—	—	—	90%	フィリピン、インドネシア、モルジブなどアジア中心の展開。
CIMBグループ	94%	64%	99%	100%	インドネシア、タイで地元銀を買収。ASEAN全10カ国に進出。
QLリソーシズ	63%	99%	—	100%	ベトナム、インドネシアで養鶏事業を手掛ける。
アシアタ・グループ	100%	99%	100%	90%	インドネシア、カンボジア、ネパール等で携帯通信事業を展開。
エアアジア	100%	94%	95%	82%	東南アジア最大の格安航空。タイやインドネシアに合弁会社。
パブリック・バンク	96%	—	—	100%	香港、カンボジア、ベトナムに子会社を持つ。
メイバンク	81%	74%	—	91%	ASEAN域内を中心に展開。シンガポールの大手証券などを買収。
ガムダ	64%	99%	—	56%	インド、カタール、ベトナムなどへ進出。
バークソン・ホールディングス	98%	100%	—	76%	中国市場が主力。ベトナム、インドネシアにも店舗を持つ。
サン・ミゲル・ブルブリー	—	—	—	84%	中国、香港、タイ、ベトナムなどに生産拠点を持つ。
ベトジェットエア	68%	—	—	33%	ASEAN域外を中心に国際線を拡大。タイ国内線市場にも参入。

注：網掛け部分は、アジア比率が50％を超える項目。—は入手不能。各社の2019年12月期決算報告書、各社の発表資料などから抜粋・算出。サプラ・エナジーは2020年1月期。QLリソーシズは2020年1月期。バークソンとYTLは同6月期。ガムダは同7月期。タイ・ビバレッジは同9月期。ベトテルは国際部門子会社ベトテル・グローバルの2019年12月期決算を参考にした。一部推定含む。アシアタは東南アジア、南アジア、東南アジア、南アジアで構成される地域を指すが、南アジアで構成されている企業については分類されず、「グローバル型」に分類されている企業については、アジア域内での積極的なM&Aなど定性情報を最終的な判断材料とした。

出所：筆者作成。

わせている。すなわち，中小業種は「グローバル型」，大業種は「リージョナル型」の戦略をそれぞれ進める傾向が強い可能性がある。したがって，ここでは AMNEs の国際化戦略に関して，以下の2つの仮説を設定する。

〈AMNEs の国際化戦略〉
仮説① 中小業種に属する AMNEs は，グローバル展開を指向する。
仮説② 大業種に属する AMNEs は，リージョナル展開を指向する。

2）仮説の検証

　業種の規模と，「グローバル型」，「リージョナル型」という国際化戦略の関係を想定した上記2つの仮説について，以下の手順で検証を試みる。

① 　各 AMNEs が属する業種の世界市場規模（年間ベース）を調べる。具体的には Euromonitor International, Grand View Research, Fortune Business Insights, Research and Markets, Statista などの資料から各業界の世界市場規模の数値を入手する（**図表 3-7**）。

② 　そのうえで，業界の世界市場規模と「グローバル型」／「リージョナル型」の関係性を探るため，従属変数が2つの値をとる場合の回帰分析手法である二項ロジスティック回帰分析を行う。具体的には各業種の世界市場規模（対数値）を独立変数，その業種に属する AMNEs が「リージョナル型」になる確率（オッズ[17]）を従属変数とする。オッズは対数をとってロジット変換することで線形モデルとして推計する。

　サンプル数は41で，推計に用いた計量ソフトは SPSS である。サンプル数が分析対象である AMNEs37社を上回るのは，同一企業が複数の業界で国際化を進めている場合，各業界に分けて推計対象とするためである。具体的には，タイの CPF（3業種）や，フィリピンのユニバーサル・ロビーナ（2業種）およびジョリビー・フーズ（同）がそのような事例に該当する。

図表 3−7　AMNEs37社が属する業界の世界市場規模

業界名	世界市場規模（億ドル）	業界名	世界市場規模（億ドル）
ツナ缶	82	百貨店	4,446
カカオ豆加工	114	カフェ	4,532
ブランデー	218	乳製品	4,811
ペットボトル原料	253	食肉加工	5,194
港湾運営	387	ホテル	6,154
即席めん	441	ビール	6,810
海洋掘削サービス	785	航空	7,419
ビスケット	999	水道事業	7,700
塗料	1,470	ファストフード	8,468
スナック	1,656	建設	9,080
飼料	1,759	電力	11,699
空港運営	1,780	通信	15,750
カジノ	2,620	銀行	21,000
セメント	3,125	病院	78,000
養鶏	3,192		

注：市場規模は，Euromonitor International，Grand View Research，Fortune Business Insights，Research and Markets，Statista などのデータに基づくもので，2018, 19, 20年のいずれかの数字。銀行の市場規模はリテール部門のみの金額。単一企業が複数の業種に属する場合がある（図表 3−3 の注参照）。銀行や電力など同一業種に複数の AMNEs が属する場合もある。

出所：筆者作成。

推計するモデル式は下記に示されている。ここで，p：「リージョナル型」になる確率，x：世界市場規模（対数値）である。

$$ln\left(\frac{p}{1-p}\right) = a + \beta x$$

推計結果は**図表 3−8** の通りである。オッズ比[18]は8.757で，世界市場規

図表 3-8　二項ロジスティック回帰分析の結果

	係数	標準誤差	Wald 統計量	P 値	オッズ比
定数項	−8.021	3.073	6.814	0.009	0
世界市場規模(対数値)	2.17	0.825	6.913	0.009	8.757

出所：二項ロジスティック回帰分析の結果より筆者作成。

図表 3-9　モデルの当てはまり

モデルの予測

		グローバル型	リージョナル型	的中の割合(%)
観測値	グローバル型	16	6	72.7
	リージョナル型	5	14	73.7
				73.2 (全体)

出所：二項ロジスティック回帰分析の結果より筆者作成。

模（対数値）が1大きくなるとオッズは8.757倍になることが示されている。有意確率（P値）は0.009と0.05を下回り，有意な推計結果と言える。

　以上の結果から，世界市場規模が大きいほど，その業界に属する AMNEs は「リージョナル型」になる確率が高まることが明らかになった。すなわち，世界市場規模の大小と，「グローバル型」か「リージョナル型」のどちらになるかには関係があり，仮説の妥当性が示された。

　モデルの判別的中率（全観測値数に占める，観測値とモデルの予測結果が一致した数の割合）は73.2％であった（**図表 3-9**）。具体的には，本モデルはグローバル型の72.3％（22社中，16社），リージョナル型の73.7％（19社中，15社）をそれぞれ的中させており，モデルの適合度は良好である。このモデルによる各 AMNEs の予測値と観測値を一覧にすると**図表 3-10**のようにまとめられる。

図表3-10　モデルによる予測値と観測値

社名	業種	市場規模 (絶対額, 億ドル)	リージョナル型 になる確率	予測値	観測値
タイ・ユニオン・グループ	ツナ缶	82	2.0	G	G
グアンチョン	カカオ豆	114	2.8	G	G
エンペラドール	ブランデー	218	5.0	G	G
インドラマ・ベンチャーズ	ペットボトル原料	253	5.7	G	G
ICTSI	港湾運営	387	8.3	G	G
インドフード・スクセス・マクムル	即席めん	441	9.2	G	G
サプラ・エナジー	海洋掘削サービス	785	14.8	G	G
ユニバーサル・ロビーナ	ビスケット	999	18.1	G	G
TOAペイント	塗料	1,470	24.2	G	R
ユニバーサル・ロビーナ	スナック	1,656	26.2	G	G
CPF	飼料	1,759	27.5	G	G
MAHB	空港運営	1,780	27.5	G	G
ゲンティン・グループ	カジノ	2,620	35.4	G	G
SCG	セメント	3,125	39.0	G	R
サイアム・シティ・セメント	セメント	3,125	39.0	G	R
CPF	養鶏	3,192	39.5	G	G
QLリソーシズ	養鶏	3,192	39.5	G	R
セントラル・リテール	百貨店	4,446	47.5	G	G
パークソン・ホールディングス	百貨店	4,446	47.5	G	R
ジョリビー・フーズ	カフェ	4,532	48.0	G	G
ビナミルク	乳製品	4,811	49.1	G	G
CPF	食肉加工	5,194	51.3	R	G
マイナー・インターナショナル	ホテル	6,154	55.1	R	G
デュシタニ	ホテル	6,154	55.1	R	R
タイ・ビバレッジ	ビール	6,810	57.2	R	R
サンミゲル・ブルワリー	ビール	6,810	57.2	R	R
エアアジア	航空	7,419	59.3	R	R
ベトジェットエア	航空	7,419	59.3	R	R
YTLコーポレーション	水道事業	7,700	60.4	R	R
ジョリビー・フーズ	ファストフード	8,468	62.4	R	R
ガムダ	建設	9,080	63.9	R	R
イタルタイ	建設	9,080	63.9	R	R
EGCO	電力	11,669	69.2	R	R
BCPG	電力	11,669	69.2	R	R
アシアタ・グループ	通信	15,750	74.9	R	R
ベトテル	通信	15,750	74.9	R	G
バンコク・バンク	銀行	21,000	79.5	R	R
CIMBグループ	銀行	21,000	79.5	R	R
メイバンク	銀行	21,000	79.5	R	R
パブリック・バンク	銀行	21,000	79.5	R	R
IHHヘルスケア	病院	78,000	93.0	R	G

注：Gは「グローバル型」, Rは「リージョナル型」を意味する。網掛けは, モデルの予測値
　　と実績値が異なるAMNEs。

出所：二項ロジスティック回帰分析の結果を基に筆者作成。

3）推計結果に基づく見取り図

　二項ロジスティック回帰分析の結果に基づくと，AMNEs は世界市場規模が約5,000億ドル[19]を超える業種で「リージョナル型」，同未満の業種で「グローバル型」になる可能性が高い（確率50%超）。

　この結果を踏まえ，AMNEs37社[20]が属する各業界の世界市場規模と，それらの企業が「グローバル型」／「リージョナル型」のどちらの戦略を進めているかという関係を整理したのが**図表3-11**である。ここでは二項ロジスティック回帰分析の結果に従い，市場規模が大きい業種と小さい業種を隔てる閾値を約5,000億ドル[21]に置いている。

　この図表から明確に見て取れるように，「国境を越えた業界再編関与型」の AMNEs は左下と右上の部分に多く分布している。

　前者は，市場規模が相対的に小さい業種に属し，かつ，「グローバル型」の展開を行っている企業群である。たとえば，ツナ缶のタイ・ユニオンやカカオ豆加工のグアンチョン（マレーシア），ブランデーのエンペラドール（フィリピン），ペットボトル原料のインドラマ・ベンチャーズ（タイ）などが，ここに入る。

　一方，後者は，市場規模が相対的に大きい業種で，かつ，「リージョナル型」の動きを見せている企業群である。ここには銀行のメイバンクと CIMBグループ，通信のアシアタ・グループ（いずれもマレーシア），電力のEGCO や建設のイタルタイ（ともにタイ）などが含まれる。

　このような状況は，AMNEs の国際化戦略に関する仮説①「中小業種に属する AMNEs は，グローバル展開を指向する」，仮説②「大業種に属するAMNEs は，リージョナル展開を指向する」を支持する内容と言える。

　ベトテル（ベトナム）や IHH ヘルスケア（マレーシア）のように，市場規模が大きい業種でグローバル展開を行うケース，逆にマレーシアの QL リソーシズ，タイの TOA ペイントのように，相対的に小さい業種でリージョナル展開を行うケースも見られる。だが，AMNEs の大半は「中小業種・グローバル型」か「大業種・リージョナル型」のどちらかに分類される。

図表 3－11　AMNEs37社が属する業界の世界市場規模と「グローバル型」「リージョナル型」の関係

世界市場規模	グローバル	リージョナル
大	IHHヘルスケア(病院) 7兆8,000億ドル	パブリック・バンク(銀行) 2兆1,000億ドル
		メイバンク(銀行) 2兆1,000億ドル
		CIMBグループ(銀行) 2兆1,000億ドル
		バンコク銀行 2兆1,000億ドル
	ベトテル(通信) 1兆5,750億ドル	アジアタ・グループ(通信) 1兆5,750億ドル
		BCPG(電力) 1兆1,699億ドル
		EGCO(電力) 1兆1,699億ドル ← 1兆ドル
	ジョリビー・フーズ(ファストフード) 8,468億ドル	イタルタイ(建設) 9,080億ドル
	YTLコーポレーション(インフラ[水道]) 7,700億ドル	ガムダ(建設) 9,080億ドル
		ベトジェットエア(航空) 7,419億ドル
		エアアジア(航空) 7,419億ドル
	マイナー・インターナショナル(ホテル) 6,154億ドル	サンミゲル・ブルワリー(ビール) 6,810億ドル
	CPF(食肉加工) 5,194億ドル	タイ・ビバレッジ(ビール) 6,810億ドル
		デュシタニ(ホテル) 6,154億ドル ← 約5,000億ドル
	ビタミルク(乳製品) 4,811億ドル	パークソン・ホールディングス(百貨店) 4,446億ドル
	ジョリビー・フーズ(カフェ) 4,532億ドル	QLリソーシズ(養鶏) 3,192億ドル
	セントラル・リテール(百貨店) 4,446億ドル	サイアム・シティ・セメント(セメント) 3,125億ドル
	CPF(養鶏) 3,192億ドル	サイアム・セメント(セメント) 3,125億ドル
	ゲンティン・グループ(カジノ) 2,620億ドル	TOAペイント(塗料) 1,470億ドル ← 1,000億ドル
	MAHB(空港オペレーター) 1,780億ドル	
	CPF(畜産向け飼料) 1,759億ドル	
	ユニバーサル・ロビーナ(スナック) 1,656億ドル	
	ユニバーサル・ロビーナ(ビスケット) 999億ドル	
	サプラ・エナジー(海洋掘削サービス) 785億ドル	
	ICTSI(港湾運営) 387億ドル	
	インドフード・ベンチャーズ(ペットボトル原料) 253億ドル	
	エンペラドール(ブランデー) 218億ドル	
	グラン・チョン(カカオ豆加工) 114億ドル	
小	タイ・ユニオン・グループ(ツナ缶) 82億ドル	

注1：金額は各AMNEsが属する業界の世界市場規模(年間)。出所等は図表3-7の注記参照。

注2：複数業界での国際化が目立つ場合、そのAMNEsは各業界に分けて記載した。具体的にはCPフーズ、ジョリビー・フーズ、ユニバーサル・ロビーナ(同)の3社は複数の業界に分かれている。したがって、分析対象のAMNEsは37社であるが、図中では延べ41社になっている。

出所：筆者作成。

6．おわりに

　本章ではまず，国際化の動きが近年著しい ASEAN 企業の中から主要な多国籍企業群（AMNEs）を特定したうえで，これら企業群においては「国境を越えた業界再編関与型」が中心的な国際化戦略になっていることを明らかにした。さらに同戦略を進める企業群を「グローバル型」と「リージョナル型」の 2 つに分け，「中小業種・グローバル型」（仮説①），「大業種・リージョナル型」（仮説②）という 2 つの仮説を提示し，二項ロジスティック回帰分析によって仮説の妥当性を示した。

　中国やインドなど BRICs 企業を主な対象とした従来の EMNEs 研究では，グローバル規模の経営を展開する企業の事例として，パソコンのレノボ（中国），家電の TCL（同），通信のファーウェイ（同），鉄鋼のタタ・スチール（インド），非鉄のヒンダルコ（インド），食肉加工の JBS（ブラジル）といった大業種に属する企業群が頻繁に取り上げられてきた。これらの BRICs 大企業は海外で大型 M&A を繰り返しながら巨大化し，世界規模の超有力プレーヤーになった。

　これに対し，本研究の分析対象である AMNE において「大業種・グローバル型」は稀である。いくつか該当する事例はあるものの，世界的には当該業界の非上位企業ばかりである[22]。その一方で，AMNEs で多く観察される「中小業種・グローバル型」企業は一般的な知名度は低いかもしれないが，当該業界でリーディング・カンパニーになっている例が目立つ。たとえば，タイ・ユニオン，インドラマ・ベンチャーズ，エンペラドールはいずれも世界シェア 1 位の座にある[23]。

　一方，「大業種・リージョナル型」は，地元 ASEAN を中心にアジアでの展開に注力し，域内有力プレーヤーとして活躍している。たとえばビールメーカーのタイ・ビバレッジは，シンガポールやベトナムで大型 M&A を実施し，ASEAN 域内で経営を急速に拡大している。マレーシアの銀行であ

る CIMB グループもタイやインドネシアで M&A を行い，ASEAN の有力
行となった。マレーシアの格安航空，エアアジアも ASEAN 域内で合弁会
社を展開し，乗客社数で域内最大の航空会社へ飛躍した。大業種に属するこ
れらの AMNEs は，経営のリージョナル化によって存在感を高めている。

　AMNEs の間で「中小業種・グローバル型」，「大業種・リージョナル型」
が多く観察される理由は何か。第 2 章で述べたように AMNEs は BRICs 企
業に比べ国際化の後発組で，中小国を出自とするため相対的に中小規模であ
る。こうした事情が「中小規模・グローバル型」「大業種・リージョナル
型」の 2 パターンが多く観察されることに関係している可能性がある。だ
が，それは AMNEs の国際化戦略に関する仮説を設定し，検証を試みた本
章の作業からは不明であり，更なる分析が必要である。

注
1 ）本章は，牛山（2022a）を大幅に加筆・修正したものである。
2 ）中国，香港，韓国，台湾，タイ，インドネシア，シンガポール，マレーシア，フィリ
　　ピン，ベトナム，インドの合計11カ国・地域の時価総額上位企業から成長性や知名度
　　などの点を踏まえ対象銘柄が選ばれている。詳細は下記リンク参照。https://
　　indexes.nikkei.co.jp/asia300/archives/file/nikkei_asia300_index_components_jp.pdf
3 ）両研究では海外売上高10％以上の企業を多国籍企業とし，それを下回る場合は国内企
　　業とみなしている。ASEAN 企業を対象とする本分析では，各社の2019年度決算の売
　　上高にこの基準を当てはめた。
4 ）たとえば，有力財閥の持ち株会社とその中核子会社の双方がリストに残った場合，持
　　ち株会社の方は対象外とした。輸出比率は高いものの，先進国のブランド商品の代理
　　店として輸出を手掛けているような企業もリストから外した。
5 ）第 1 章の 3 節 2 ）参照。
6 ）インドネシアは ASEAN 最大の経済規模を持つが，主要 AMNEs として特定された
　　企業が少ない。したがって本研究では同国企業があまり取り上げられていない。
7 ）たとえば，「天然資源分野の垂直統合型」ではガスプロム（ロシア），ヴァーレ（ブラ
　　ジル），ペトロブラス（同），「途上国市場に適した製品開発型」はハイセンス（中
　　国），マヒンドラ・アンド・マヒンドラ（インド），タタ・モーターズ（同），「低価格

製品の供給型」はウィプロ（インド），インフォシス（同），「グローバル規模の業界
再編主導型」はレノボ（中国），タタ・スチール（インド），ヒンダルコ（同），⑤
「新産業のフロントランナー型」は華為技術（ファーウェイ，中国），エンブラエル
（ブラジル）などが挙げられている。

8）ここでの類型化は，各 AMNEs の国際化戦略の特徴的な側面を捉える狙いから1社・
　　1類型とした。異なる類型の間に排他的な関係はない。

9）この論文は中国企業の国際化戦略を分析したもので，Ramamurti（2009），
　　Ramamurti & Singh（2009）などとともに同一の書籍に収められている。

10）既述の通り，本分析は各 AMNEs の最も特徴的な戦略に着目した。したがって「途
　　上国市場に適した製品開発型」の側面があっても，他の戦略がより鮮明であれば，そ
　　ちらの方に分類される。こうした事例の1つにベトナムのベトテル社が挙げられる
　　（第9章参照）。

11）IMF の「世界経済見通し（World Economic Outlook）」で用いられている「emerging
　　and developing asia」（東アジア，東南アジア，南アジアの国々で主に構成される）
　　とほぼ重なる地域である。オセアニアは含まない。

12）各社の2019年度決算の数字から算出した。ここでは「アジア」と「アジア以外」の2
　　つに区分しているため，たとえば「アジア以外」の1カ国だけに進出しているような
　　場合でも，そこでの売上高が海外全体の50％超を占めれば，その AMNEs は「グロー
　　バル型」に分類される。

13）入手可能な指標が1つしかなくても，その「アジア比率」によって「グローバル型」
　　か「リージョナル型」か判断する。

14）ベトジェットエア（ベトナム）だけは入手可能な2つの指標（海外売上高比率と海外
　　子会社比率）が，アジア比率が高い前者と低い後者に分かれたため，最終的にアジア
　　を中心に事業を展開している経営動向から「リージョナル型」に分類した。

15）具体的には，本章の4節1）分類基準の②を参照。

16）各 AMNEs の業種は，各社が海外に展開している中心的な品目・サービスに着目し
　　たものである。これらの業種が，図表3-3，3-4に記されている。たとえば，イン
　　ドネシアの食品メーカー，インドフードは即席めん，タイの化学メーカー，インドラ
　　マはペットボトル原料がそれぞれ業種名に記されている。チャロン・ポカパン・フー
　　ズ（タイ）やユニバーサル・ロビーナ（フィリピン）のように複数の品目で国際化が
　　顕著な場合は，複数の業種が記されている。

17）オッズは，リージョナル型になる確率÷リージョナル型にならない確率（グローバル
　　型になる確率）。実際にはオッズの対数値が従属変数となる。

18）オッズ比は，exp（β）で求められる。

19) 正確には5,012億ドルである。

20) 延べ数では41社である。

21) 注19参照。

22) 例外的な存在はマレーシアの大手病院 IHH ヘルスケアである。同社の株式時価総額は円換算で約 1 兆5,500億円と米 HCA ヘルスケア（約 8 兆1,586億円）に次ぎ病院業界で世界 2 位である（2021年12月 5 日時点，同時点の為替レートで換算）。HCA は国内中心の事業であるため，海外10カ国に進出している IHH は世界最大の「多国籍病院」と言える。

23) 各社広報用資料や Euromonitor International のデータに基づく。

第 4 章

ASEAN 多国籍企業の
競争優位に関する分析

1．はじめに

　本章では ASEAN 多国籍企業（ASEAN multinational enterprises: AMNEs）の競争優位の源泉について考察する。この作業は，本研究が設定したリサーチ・クエスチョン②「AMNEs は，なぜ国際化を進めることができるのか？」に対応するものである。分析対象とする企業群は引き続き，前章の国際化戦略に関する分析で取り上げた AMNEs37社である。以下ではまず，新興市場（国）多国籍企業（EMNEs）の競争優位に関する先行研究の議論を整理する。そのうえで自国内での支配的な立場を強みに多国籍化を進めるとみる「バンドリング・モデル（bundling model）」や EMNEs が持つ独特の競争優位である「非伝統的な企業特殊的優位（firm specific advantages: FSAs）」の分析枠組みなどを用いながら，AMNEs の競争優位に関する仮説を設定し，検証を試みる。

2．EMNEs の競争優位を巡る議論と AMNEs

1）バンドリング・モデル

　本章でも分析対象とする AMNEs37社の顔触れを見ると，ASEAN 各国の産業界で大きな存在感を放つ企業が少なくない。たとえば，マレーシアの有力政府系企業や，タイ，フィリピンの大手財閥の中核企業などが，それらのケースに該当する。このような状況は，地元産業界における強固な事業基盤と海外展開という動きの間に，何らかの関係があることをうかがわせる。EMNEs の先行研究において双方の関係に関する議論を展開したのは Hennart（2009, 2012, 2018）の「バンドリング・モデル」であり，そこでは EMNEs が自国で強い立場を有することと国際化への道筋が関連づけて説明されている。AMNEs の国際化に関して考察する本研究もまず，同モデルに依拠しながら議論を進めたい。

「バンドリング・モデル」の中核的概念は，「補完的現地資源（complementary local resources: CLRs）」と呼ばれるものである。CLRsとは，土地，天然資源，労働力，消費者（顧客），公益サービス，許認可，政府との関係など，ある国で事業を行う際に現地でしか入手できない不可欠な要素を指す（Hennart, 2009, 2012, 2018）。国際ビジネスの伝統理論であるDunning（1989）の折衷理論では「立地特殊的優位（location-specific advantages: LSAs）」や「国家特殊的優位（country-specific advantages: CSAs）」と呼ばれ，それらは地元企業であれ外国企業であれ同一国で事業を行う場合に等しく利用できるとの前提が置かれていた（Hennart, 2018, p.569）。

　これに対し，「バンドリング・モデル」を提唱したHennart（2009, 2012, 2018）は，地元企業がCLRsを掌握するケースが実際には多いことを折衷モデルは考慮していないと批判した。特に新興国では地元企業がCLRsへの優先的アクセスを持つ場合が多いため，これを強みに「国内で支配的な地位を築いた後，海外へ事業を拡張する」（Hennart, 2012, p.582）という道筋が存在すると主張した[1]。Hennart（2009, 2012, 2018）の「バンドリンク・モデル」で示された議論を整理すると，地元企業の国際化の道筋は，以下の2パターンに集約される。

① 　地元企業はCLRsに対する支配的，優先的なアクセスを強みに外国企業と共同で事業を行い，国内で盤石な基盤を確立し，海外へ展開する。
② 　地元企業はCLRsに対する支配的，優先的なアクセスを強みに単独で事業を行い，国内で盤石な基盤を確立し，海外へ展開する。

　①は，地元企業は自らが掌握するCLRsと引き換えに外国企業が持つ最先端技術を獲得する，あるいはCLRsを支配する強みから外国企業との合弁事業で利益の多くを獲得して力をつけ，海外へ展開していくというものである。

　②は，地元企業はCLRsに対する独占的な支配力を背景に外国企業に頼ら

ずに国内で収益基盤を拡大し，資金力などを増強しながら海外へ展開していくという道筋を示すものである。

このいずれかのパターンに当てはまる事例として，Hennart（2012, 2018）では家電のハイアール（中国），通信の華為技術（ファーウェイ，同），鉄道車両の中国中車（同），ベーカリーのグルポ・ビンボ（メキシコ），鉱物資源のヴァーレ（ブラジル）などを挙げているが，ASEAN企業には1社も言及していない。

だが，ASEAN諸国でも政府系や財閥系の有力企業がCLRsへの優先的アクセスを有するケースは見受けられる。たとえばマレーシアでは多数派のマレー系民族を優遇する「ブミプトラ政策」が国策として掲げられる中，マレー系企業が土地の取得や融資，許認可などで厚遇されている（三木，2011，p.115）。そして，そのようなマレー系企業の代表格である政府系有力企業から多国籍企業へ飛躍した例は，実際に観察される。既述の通り，AMNEsにはASEAN各国の有力企業が多いことを考えると，「バンドリング・モデル」が論じるように各AMNEsの国内での強さが国際化を進める際の強みになっている可能性がある。

2）非伝統的FSAs

EMNEsの競争優位を巡る議論で本研究が注目する別の視点は「非伝統的な企業特殊的優位（firm-specific advantages: FSAs）」[2]である。非伝統的FSAsは，EMNEsが持つとみられる独特の優位性を意味し，2000年代以降にEMNEs研究が活発化する中，Cuervo-Cazurra & Genc（2008），Gammeltoft & Hobdari（2017），Guillén & García-Canal（2009），Ramamurti（2012），Verbeke & Kano（2015），Williamson（2015）などで取り上げられてきた[3]。

その問題意識は，先進国多国籍企業（DMNEs）が持つような技術力・ブランド力を欠くにもかかわらず，EMNEsが海外へ展開できるのは，EMNEsの競争優位が技術・ブランドといった所有優位（ownership advantages）以外のところにあるとの見方であった（Williamson, 2015, p.225）。国際ビジネスの代表的な伝統理論である Dunning の折衷理論は企業の海外展開には FSAs の存在が不可欠とみなしたが，EMNEs の出現でその考え方は見直しを迫られたのである。

FSAs に関する先行研究の議論は，① EMNEs は強い FSAs を持たないから海外に行ってもうまくいかない，② EMNEs は自分にはない FSAs を獲得するために海外に行く，③ EMNEs は DMNEs にはない新種の FSAs を持つから海外へ行ける，という 3 つに集約される（Cuervo-Cazurra & Ramamurti, 2014; Gammeltoft & Hobdari, 2017; Narula & Kodiyat, 2016）。

これらの議論は，FSAs の存在を前提とする伝統理論が EMNEs の動きを説明できるか否かに着目したもので，①は説明が可能（Rugman & Li, 2007; Rugman 2009），②は新たな理論が必要（Mathews, 2002, 2006; Luo & Tung, 2007; Madhok & Keyhani, 2012），③は既存理論の拡張が必要（Zeng & Williamson, 2007; Cuervo-Cazurra & Genc, 2008; Ramamurti, 2009; Guillén & Garcia-Canal, 2009）という立場をそれぞれ取ったものである（Gammeltoft & Hobdari, 2017; Hernandez & Guillén, 2018）。

このうち，近年の EMNEs 研究は「新種の FSAs（非伝統的 FSAs）の存在を肯定する③の議論に追随するものが目立つ」（Gammeltoft & Hobdari, 2017, p.8）。したがって，本研究も，この③の立場を取ることにする。①は分析対象の AMNEs に国際化を順調に進めている事例が多いことから採用せず，②は EMNEs の国際化の目的を論じたものであり，ASEAN の競争優位について考察する本研究の分析枠組みには適さないと考えられる。

EMNEs が持つとみられる非伝統的 FSAs にはさまざまなものが挙げられるが，多くの先行研究が指摘するのは，「困難な状況（事業環境）の下で効果的に機能する能力」（Ramamurti, 2009, p.409）である[4]。これはインフラが不備であったり，政情が不安定でリスクが高かったりする新興国において，EMNEs は事業遂行能力に長けていると考えるものである。たとえば Holburn & Zelner（2010）は政治リスクの高い国を出自とする企業は高リスク国での事業機会を積極的に追求する傾向があると論じた。その理由は自

国での経験を活かし，同様に厳しい環境下にある他の新興国で優位な立場を築くことができるためと説明している。

　非伝統的 FSAs を巡る議論も，やはり中国企業をはじめ BRICs 企業の分析を軸に進められてきた経緯があり，ASEAN 企業はあまり言及されていない。だが，上記の「困難な状況での事業遂行能力」などは AMNEs の動きからも示唆される。たとえば港湾運営サービスを手掛けるフィリピンのインターナショナル・コンテナ・ターミナル・サービシズ（ICTSI）やベトナムの通信会社ベトテルは，政情不安や低所得，インフラ整備の遅れが目立つ国々に積極的に進出している。こうしたことから本研究では非伝統的 FSAs という切り口からも AMNEs の競争優位の実態にアプローチできると考える。

3）「RSAs」という新たな視点

　本節ではここまで「バンドリング・モデル」と非伝統的 FSAs という，EMNEs の競争優位に関する2つの考え方について説明した。前者は自国での CLRs に対する支配的，優先的なアクセスを持つ強み，後者は伝統理論とは異なる「新種の FSAs」の存在をそれぞれ考慮するもので，これらの視点が AMNEs を分析するうえでも有益との見方を示した。双方に共通するのは，伝統理論で必須とされた FSAs を欠くとみられる EMNEs がなぜ国際化を進められるかを説明していることである（Gamammeltfolt & Hobdari, 2017, p.8）。本研究はこれらの考え方に立脚して AMNEs の競争優位を論じていくが，さらに「地域特殊的優位（Regional Specific Advantages: RSAs）」という概念も取り入れる。

　RSAs という言葉は，Beleska Spanova et al.（2016）がタイ企業の競争優位を分析する際に用いたものであるが，本研究の RSAs はそれとは全く異なる。Beleska Spanova et al.（2016）の RSAs は ASEAN 域内の他国に存在する自国を上回る優位性を意味し，経済統合の進展により ASEAN 企業がそれらを活用しやすくなったと論じている[5]。すなわち，同論文の RSAs

とは，ASEAN企業が他のASEAN諸国へ展開することで入手可能となる自国にない強みを指す。

これに対し，本研究のRSAsは，ASEAN企業が域内で事業を行う際，非ASEAN企業に比べ有利な立場にあることを意味する。ASEANでは2015年末に「ASEAN経済共同体」が発足し，貿易・投資の自由化を軸に経済の統合が進められている。そうしたなかASEAN企業は域内企業であるがゆえに，域外企業よりも域内での経営を進めやすくなった面があるとみられる。そのような強みは，ASEAN企業固有のRSAsと考えることができる。

本研究がRSAsという独自の考え方を導入するのは，主要AMNEsの国際化戦略において「リージョナル型」が多く観察されるためである。「リージョナル型」に該当する19社の事業展開先を確認すると，その大半はASEAN域内が中心である。このため，これら企業群の国際化戦略ではAMNEsが地元ASEAN域内で事業を進める際の強み，すなわちRSAsの存在がカギになっている可能性がある。RSAsの具体的な中身は次節で議論するが，ここではこのRSAsが「リージョナル型」の競争優位を構成する一要素になっているとみなすことにする。

3．仮説の設定

以上述べてきた「バンドリング・モデル」が論じる「国内での強さ」，EMNEsが持つとされる非伝統的FSAs，さらにAMNEs固有のRSAsという3つの強みから，AMNEsの競争優位を議論できると本研究では考える。まず，主要AMNEsの大半がASEAN諸国の有力企業であることから，「国内での強さ」は広く共有されているとみられる。また，「グローバル型」は，「困難な状況の下で効果的に機能する能力」など非伝統的FSAsの強さを持つため，アジアという地理的な枠組みを超えて事業を広域展開できるものと考えられる。さらにASEAN域内を中心に経営を手掛ける「リージョナル型」の場合，先に述べたようにRSAsの存在が重要な要素になっている

可能性が高い。これらの考察を踏まえ，以下では主要 AMNEs の競争優位に関する下記2つの仮説を提示する。

〈AMNEs の競争優位〉

仮説③ 「グローバル型」の競争優位は，「国内での強さ＋非伝統的FSAs の強さ」で主に説明される。

仮説④ 「リージョナル型」の競争優位は，「国内での強さ＋（ASEAN企業が持つ）RSAs」で主に説明される。

　これらの仮説は，「ASEAN 企業はなぜ，国際化を進めることができるのか」という本研究のリサーチ・クエスチョン②に対応するものである。ここで「グローバル型」「リージョナル型」双方の競争優位について，前者は「国内での強さ＋非伝統的 FSAs の強さ」，後者は「国内での強さ＋RSAs」によって，それぞれ「主に」説明される，と表現しているのは，これらが各々の競争優位を構成する中心的な組み合わせと考えられるからである。

　非伝統的 FSAs は「グローバル型」固有のものではなく「リージョナル型」に備わるケースもあるものの，「グローバル型」の方で強く検出されるとみられる。また，RSAs も「リージョナル型」の専売特許ではなく，ASEAN 域内でも事業を展開している「グローバル型」AMNEs でも観察される可能性がある。しかし，競争優位に関する議論を単純化するため，これらの仮説では「国内での強さ」という共通要素に加え，「グローバル型」は非伝統的 FSAs，「リージョナル型」は RSAs をそれぞれ「主な」強みに越境経営を進めているとみなす。

4．仮説の検証①（「国内での強さ」）

1）分析の目的・手法
本節では，「グローバル型」の仮説③と「リージョナル型」の仮説④に共

通する競争優位の構成要素である「国内での強さ」について検証する。具体的には Hennart（2009, 2012, 2018）の「バンドリング・モデル」で示された EMNEs の多国籍化の道筋が AMNEs において実際に確認されるか調べる。

この道筋は，自国の CLRs への支配的・優先的アクセスを強みに強固な経営基盤を地元でまず構築した後に海外へ展開するというプロセスである。本章 2 節 1 ）で述べた通り，分析対象の AMNEs37社にはマレーシア，タイ，フィリピン，インドネシア，ベトナム各国の政府系，財閥系の有力企業が多く，「国内での強さ」を広く共有していると思われる。したがって，ここで重要なのは「バンドリング・モデル」が想定する「国内で強固な基盤を確立→国際化を加速」という時系列の流れが観察されるか否かである。この道筋が確認されれば，同モデルが指摘する「国内での強さ」が AMNEs の競争優位の源泉となっていることが示唆される。

以下では下記の手続きに従い，同モデルの有効性を探る。

① 　各 AMNEs の自国での市場シェア・順位を調べ，各社が当該業界の地元市場で強い立場にあるかどうか確認する。これらの数字は，Euromonitor International や Statisca，Frost & Sullivan など市場調査会社の統計やマスコミ報道，各社の決算資料等から入手する。

② 　次に各 AMNEs の国際化がいつ本格化したか調べる。具体的には，各社の年次報告書やホームページに記載されている M&A や新工場建設，販売拠点の設立など海外事業に関する動きを調べ，1990年代，2000年代，2010年代と10年単位でそれらの件数の推移を追う。海外事業に関する記述が最も多い時期を，各 AMNEs の国際化の本格期とみなす。

③ 　各 AMNEs がいつ頃までに自国市場で有力プレーヤーの地位を確立したか確認する。具体的には，年次報告書やホームページの情報から時期を特定し，それを②で調べた国際化の本格期と比べる。前者の方が先であれば，「国内で強固な基盤を確立→国際化を加速」という流れが存

在することになり，「バンドリング・モデル」の有用性が示唆される。

2）分析結果

　まず，①の作業を行った結果，AMNEs37社の大半が，各国の当該業界で
有力プレーヤーになっていることが確認された（**図表4-1**）[6]。「グローバ
ル型」（18社）ではマレーシアのゲンティンやサプラ・エナジー，タイのタ
イ・ユニオンやCPF，フィリピンのエンペラドールなど16社[7]，「リージョ
ナル型（19社）」ではタイのサイアム・セメントやイタルタイ，マレーシア
のエアアジア，メイバンク，フィリピンのサンミゲル・ブルワリーなど8社
が国内で最大のシェアを持っている。他のAMNEsも軒並み3位以内の高
シェアを有し，AMNEs37社は「国内での強さ」を実際に共有している。

　次に，②の作業の結果，AMNEs37社の大半が，2010年代に国際化の本格
期を迎えたことが明らかになった（**図表4-2**）。具体的には「グローバル
型」18社のうち14社，「リージョナル型」19社のうち11社が2010年代であ
る。第2章では中国，インドなどBRICsの主要企業が2000年代から国際展
開を本格化したのに対し，ASEAN企業は2010年代と総じて遅かった点を筆
者は指摘した。これはBRICsおよびASEAN諸国の対外FDI統計を基に論
じたものであったが，各AMNEsの動きを個別に辿った本節の作業からも
2010年代に加速したケースが実際に多いことが確認された。また，「グロー
バル型」と「リージョナル型」を比べると，前者の方が2010年代への集中度
が高いこともわかった[8]。

　最後に，③の作業で特定した各AMNEsが自国市場で「強固な基盤」を
得たと考えられる時期と，②の国際化の本格時期を並べると，AMNEsの大
半は国際化に弾みがつく前に国内市場で優位な立場を構築している。すなわ
ち，これらのAMNEsは総じて「国内で強固な基盤を確立→国際化の加速」
という流れを辿っていることが確認された（**図表4-3**）。

図表 4 – 1 AMNEs37社の国内市場でのシェア・順位

グローバル型（18社）

社名	国籍	業種	シェア	順位
ゲンティン	マレーシア	カジノ	100.0%	1位
IHHヘルスケア	マレーシア	病院	—	2位
サプラ・エナジー	マレーシア	海洋掘削サービス	—	1位
グアンチョン	マレーシア	カカオ豆加工	80.0%	1位
YTLコーポレーション	マレーシア	水道事業	—	—
マレーシア・エアポーツ・ホールディングス（MAHB）	マレーシア	空港運営	—	1位
インドラマ・ベンチャーズ	タイ	ペットボトル原料	—	1位
タイ・ユニオン・グループ	タイ	ツナ缶	54.0%	1位
チャロン・ポカパン・フーズ（CPF）	タイ	飼料	—	1位
		食肉加工	23.5%	1位
		養鶏	30.0%	1位
マイナー・インターナショナル	タイ	ホテル	65.4%	1位
セントラル・リテール・コーポレーション	タイ	百貨店	44.9%	1位
エンペラドール	フィリピン	ブランデー	97.0%	1位
インターナショナル・コンテナターミナル・サービシズ（ICTSI）	フィリピン	港湾運営	65.0%	1位
ジョリビー・フーズ・コーポレーション	フィリピン	カフェ	1.6%	3位
		ファストフード	48.8%	1位
ユニバーサル・ロビーナ	フィリピン	ビスケット	28.5%	1位
		スナック	29.9%	1位
ベトナム軍隊工業通信グループ（ベテテル）	ベトナム	通信	52.0%	1位
ベトナム・デイリー・プロダクツ（ビナミルク）	ベトナム	乳製品	64.9%	1位
インドフード・スクセス・マクムル	インドネシア	即席めん	19.5%	1位

リージョナル型（19社）

社名	国籍	業種	シェア	順位
サイアム・セメント・グループ	タイ	セメント	54.0%	1位
サイアム・シティ・セメント	タイ	セメント	20.0%	2位
TOAペイント	タイ	塗料	49.0%	1位
エレクトリシティ・ジェネレーティング（EGCO）	タイ	電力	12.0%	大手
BCPG	タイ	電力	—	大手
イタリアン・タイ・デベロップメント（イタルタイ）	タイ	建設	32.0%	1位
タイ・ビバレッジ	タイ	ビール	35.4%	2位
デュシタニ	タイ	ホテル	5.2%	3位

バンコク銀行	タイ	銀行	15.6%	1位
CIMB グループ・ホールディングス	マレーシア	銀行	—	2位
アシアタ・グループ	マレーシア	通信	27.6%	3位
ガムダ	マレーシア	建設	—	大手
エアアジア	マレーシア	航空	58.0%	1位
パークソン・ホールディングス	マレーシア	百貨店	7.6%	4位
QL リソーシズ	マレーシア	養鶏	10.0%	2位
マラヤン・バンキング（メイバンク）	マレーシア	銀行	—	1位
パブリック・バンク	マレーシア	銀行	—	3位
サンミゲル・ブルワリー	フィリピン	ビール	94.6%	1位
ベトジェットエア	ベトナム	航空	44.0%	1位

注1：業種は，各社が手掛ける事業の中で国際化が目立つもの。CP フーズ，ジョリビー・
　　　フーズ・コーポレーション，ユニバーサル・ロビーナの3社は複数の業種に分けて
　　　いる。
注2：シェアは一部を除いて2018-20年のいずれかの数字。一は不明。順位で「大手」と
　　　あるのは，順位は不明だが業界上位に位置していることが明白なケース。
注3：シェアの出所及び留意事項は，巻末の附表参照。
出所：筆者作成。

図表 4-2　AMNEs37社の国際化の本格時期[注1]

グローバル型（18社）

社名	国際化の本格時期	判断の根拠
ゲンティン	2010年代	海外 M&A 件数　3件（2000年代）＜44件（2010年代）
IHH ヘルスケア	2010年代	2010年に会社設立。
サプラ・エナジー	2010年代	2012年に会社設立。
グアンチョン	2010年代	海外投資案件　2件（2000年代）＜7件（2010年代）
YTL コーポレーション	2000年代	海外投資案件　4件（2000年代）＞1件（2010年代）
MAHB	2000年代	海外投資案件　4件（2000年代）＞3件（2010年代）
インドラマ・ベンチャーズ	2010年代	海外 M&A 件数　3件（2000年代）＜44件（2010年代）
タイ・ユニオン・グループ	2010年代	海外 M&A 件数　4件（2000年代）＜12（2010年代）
CPF	2010年代	海外投資件数　9件（2000年代）＜29件（2010年代）
マイナー・インターナショナル	2010年代	海外事業件数　2件（2000年代）＜5件（2010年代）
セントラル・リテール	2010年代	海外投資件数　0件（2000年代）＜9件（2010年代）
エンペラドール	2010年代	海外 M&A 件数　0件（2000年代）＜3件（2010年代）
ICTSI	2000年代	海外投資案件　10件（2000年代）＝10件（2010年代）
ジョリビー・フーズ	2010年代	海外投資案件　5件（2000年代）＜6件（2010年代）

ユニバーサル・ロビーナ	2010年代	海外投資案件 3件（2000年代）＝3件（2010年代）注2
ベトテル	2010年代	海外投資案件 2件（2000年代）＜8件（2010年代）
ビナミルク	2010年代	海外投資案件 0件（2000年代）＜6件（2010年代）
インドフード	2020年代	2020年代に入り海外で大型M&Aを実施。

リージョナル型（19社）

社名	国際化の本格時期	判断の根拠
サイアム・セメント・グループ	2010年代	海外事業案件 0件（2000年代）＜4件（2010年代）
サイアム・シティ・セメント	2010年代	海外投資案件 0件（2000年代）＜4件（2010年代）
BCPG	2010年代	2015年会社設立，海外投資案件 6件（2010年代）
イタルタイ	2000年代	海外事業案件 11件（2000年代）＞5件（2010年代）
タイ・ビバレッジ	2010年代	海外事業案件 2件（2000年代）＜4件（2010年代）
デュシタニ	2010年代	海外事業案件 1件（2000年代）＜14件（2010年代）
バンコク銀行	2010年代	海外事業案件 1件（2000年代）＜4件（2010年代）
CIMBグループ	2000年代	海外事業案件 6件（2000年代）＜8件（2010年代）注3
アシアタ・グループ	2010年代	海外事業案件 37件（2000年代）＜88件（2010年代）
ガムダ	2000年代	海外事業案件 6件（2000年代）＞4件（2010年代）
エアアジア	2010年代	海外投資案件 3件（2000年代）＜6件（2010年代）
パークソン・ホールディングス	1990年代	最大の進出先である中国市場に1990年代に参入。
QLリソーシズ	2010年代	2010年代に入り，年次報告書に海外事業に関する記述が加わる。
メイバンク	2010年代	海外事業案件 7件（2000年代）＜28件（2010年代）
パブリック・バンク	1990年代	海外事業案件 6件（1990年代）＞3件（2000年代），3件（2010年代）
サンミゲル・ブルワリー	1990年代	1990年代からビール事業で活発な海外展開を開始。注4
ベトジェットエア	2010年代	2007年創業，2010年代から海外展開に着手。

注1：国際化の本格時期は，各AMNEsの年次報告書，ホームページに記載されている海外M&A案件，海外投資案件，海外事業案件などの数を基に判断。具体的には1990年代，2000年代，2010年代の中で最も数が多い期間を「本格時期」とみなした。ただし，これらの案件がカウントできない場合は，主要海外市場への進出時期など定性情報に基づいて判断した。

注2：2010年代に複数の大型M&Aが含まれているため，2010年代を本格時期とみなした。

注3：件数では2010年代が上回るが，2000年代後半にタイ，インドネシアで地元銀行を買収し，ASEAN域内への展開を加速したことから2000年代を「本格時期」とした。

注4：小池（1997）に依拠している。

出所：筆者作成。

図表 4-3　AMNEs37社，国内での事業展開[注1]と国際化の本格時期

グローバル型（18社）

社名	国内での事業展開	国際化の本格時期
ゲンティン	1971年，首都近郊に国内初の政府公認カジノを開業。以後カジノ市場を独占。	2010年代
IHHヘルスケア	2010年，マレーシアとシンガポールの大手病院が統合して発足。	2010年代
サプラ・エナジー	2012年，前身企業が同業大手と合併，規模を拡大させる。	2010年代
グアンチョン	1990年に設立され，2000年代に国内有数のプレーヤーに。	2010年代
YTLコーポレーション	1990年代以降，民営化プロジェクトを相次ぎ受注，成長を遂げる。[注2]	2000年代
MAHB	1992年に会社設立。98年，新国際空港の運営を始め，経営基盤を固める。	2000年代
インドラマ・ベンチャーズ	1995年，ペットボトル原料市場に参入。2002年，国内生産設備の整備完了。	2010年代
タイ・ユニオン・グループ	1990年代後半までに国内市場の基盤固めに注力。[注3]	2010年代
CPF	1970年代に飼料，鶏肉生産で確固たる地位を構築。	2010年代
マイナー・インターナショナル	1978年設立。王室保有の土地に次々とホテル建設。2000年代まで国内中心の展開。	2010年代
セントラル・リテール	1980年代に大型店舗を相次ぎ開業。90年代にスーパー進出，大手百貨店買収など経営拡大。	2010年代
エンペラドール	1990年に国内でブランデー販売。低価格を武器に市場を開拓，業界トップへ一気に躍進。	2010年代
ICTSI	1987年に首都の大規模港湾の運営権を獲得。国内で安定した収益基盤を築く。	2000年代
ジョリビー・フーズ	1978年設立，80年代に店舗網拡大。89年ファーストフード業界で初の売上高10億ペソ達成。[注4]	2010年代
ユニバーサル・ロビーナ	1954年設立，77年に製粉，80年代に製糖，90年代に包装材へ多角化。05年に現組織構造を完成。	2010年代
ベトテル	2000年固定電話，02年インターネット，04年携帯通信通信に相次ぎ進出，通信業界首位へ躍進。	2010年代
ビナミルク	1995年まで国内唯一の乳業会社。国内市場開拓に注力し，2000年代までに圧倒的な地位確立。[注5]	2010年代
インドフード	1982年に即席めんの生産開始。90年スナック，05年ビスケットへ多角化。10年食品子会社が上場。	2010年代

リージョナル型（19社）

社名	国内での事業展開	国際化の本格時期
サイアム・セメント・グループ	1915年，国王の勅令により設立。以後，一貫してセメント産業で独占的地位にある。[注6]	2010年代
サイアム・シティ・セメント	1969年設立，77年株式上場，セメント業界の寡占体制が続けられる中で一定の存在感を維持。	2010年代

TOA ペイント	1964年設立，72年に生産開始。76年以降，現在に至るまで国内シェア50%超の水準を維持。	2010年代
EGCO	1992年設立，タイ初の独立系発電事業者（IPP）。94年株式上場。タイ発電公社と安定的な取引関係。	2010年代
BCPG	2015年，製油・給油所運営，石油開発を手掛ける政府系企業の子会社として発足。	2010年代
イタルタイ	1958年設立，94年に株式上場及び首都高架鉄道の建設受注。2000年国内鉄道の複線化開始。	2000年代
タイ・ビバレッジ	1998年，前身企業が発売したビールがシェア 1 位を獲得。03年に現社名で正式発足。06年株式上場。	2010年代
デュシタニ	1970年，首都に旗艦ホテル開業。75年株式上場。2000年代初頭まで国内事業の強化に注力。	2010年代
バンコク銀行	1950年代以降に国内業務を急速に拡大。70年代半ばまでに圧倒的首位の座を築く。注7	2010年代
CIMB グループ	1974年創業，2005年地元有力銀行 2 行と統合し，経営基盤を確立した。	2000年代
アシアタ・グループ	1992年に前身企業が設立される。08年同社が有力携帯通信業者を買収，翌09年アシアタが発足。	2010年代
ガムダ	1976年設立，90年代以降，国内で民営化プロジェクトを相次いで受注し，成長を遂げる。注8	2000年代
エアアジア	2001年創業，2008年までに国内線の路線網拡大を完了，乗客数で国営マレーシア航空を追い抜く。	2010年代
パークソン・ホールディングス	1987年に国内初出店，1990年代末までに業界最大規模へ成長。注9	1990年代
QL リソーシズ	1987年設立，2000年株式上場，07年までは国内事業の基盤固めに集中。	2010年代
メイバンク	1960年創業，73年投資銀行設立，86年大規模 ATM 網を構築。01～02年イスラム保険・銀行に進出。	2010年代
パブリック・バンク	1966年創業，67年株式上場，80年総資産が10億リンギを突破，87年証券業務参入。	1990年代
サンミゲル・ブルワリー	1890年に東南アジア最古の醸造所として事業開始。国内で圧倒的なシェアを維持し続けている。	1990年代
ベトジェットエア	2007年設立，11年に国内線に初就航，18年に国営ベトナム航空に抜いて国内線トップへ躍進。	2010年代

注1：国内事業展開に関する記述は，各社の年次報告書やホームページなどの情報に基づく。

注2：熊谷（2006）。

注3：Pananond（2016）。

注4：鎌田（2011）。

注5：森山（2015）。

注6：末廣・南原（1991）。

注7：末廣・南原（1991）。

注8：熊谷（2006）。

注9：Rahman（1999）。

出所：筆者作成。

たとえば、インフラ事業を手掛けるマレーシアのYTLコーポレーション（グローバル型）は1994年に同国初のIPP（独立系電気事業者）の認可を取得し、国営電力会社と長期売電契約を結ぶなど、1990年代に地元で成長を遂げた（熊谷，2006，pp.157-158）。その後，2000年代に英国の水道サービス会社，ウェセックス・ウォーターを約2,340億円[9]で買収するなど国際化を急速に進めた。同じマレーシアの建設会社，ガムダ（リージョナル型）も1990年代にインフラ民営化プロジェクトを相次ぎ受注して規模を拡大した後，2000年代にインド，台湾，ベトナムなどで空港や道路，鉄道などの大型プロジェクトを獲得し，越境経営を活発化した。

タイ企業ではホテル大手，マイナー・インターナショナル（グローバル型）が1978年の創業後，王室所有の一等地に次々とホテルを建設するなど2000年代までは国内中心に展開したものの，2010年代に中東，アフリカ，欧州などへ経営網を拡張した。さらに大手ビール会社のタイ・ビバレッジ（リージョナル型）は1995年に発売した主力ブランド「チャーン」で98年に市場シェア1位を獲得した後の2000年代に政府系醸造所（12カ所）の買収，グループ企業との統合，株式上場などにより国内基盤をさらに固め，2010年代からシンガポール，ベトナム，ミャンマーなど近隣諸国でM&Aを実施し，多国籍化に拍車を掛けた[10]。

他にも国内→海外という「バンドリング・モデル」が想定する道筋を辿ったAMNEsは多く，同モデルが論じるように「国内での強さ」が国際化を進めるうえで強みとなった可能性が高い。したがって，ここまでの一連の作業の結果から，仮説③と④に共通する「国内での強さ」の部分の妥当性が示されたと考える。

3）各AMNEsが活用したCLRs

本章2節1）で述べたように「バンドリング・モデル」の要諦は、土地，天然資源，労働力，消費者，公益サービス，許認可などCLRsへの支配的，優先的なアクセスを地元企業が持つと想定する点にある。それでは本研究の

分析対象である AMNEs は, どのような CLRs に対するアクセスを強みに
したのだろうか。

　まず考えられるのは,「許認可」獲得でのアドバンテージである。たとえ
ばマレーシアのゲンティンは, 国内唯一の公認カジノ業者として認可され,
首都近郊にカジノを中核とする大規模娯楽施設を1971年に開業し, 現在に至
るまで独占的地位を享受している。空港運営のマレーシア・エアポーツ・
ホールディングス (MAHB) は1998年に首都クアラルンプール近郊の新国
際空港の独占運営権を獲得し, 強固な基盤を築いた。同国初の IPP 業者と
なった YTL コーポレーションも,「許認可」に恵まれた事例に該当しよう。
他にもフィリピンの港湾運営会社インターナショナル・コンテナ・ターミナ
ル・サービシズ (ICTSI) は1987年に国内最大のマニラ湾コンテナターミナ
ルの運営権を獲得し, 地元で圧倒的な存在感を確立した[11]。

　「土地」へのアクセスでは, 王室保有地を次々と獲得したタイのマイナー・
インターナショナル, 国軍所有地を活用したベトナムの通信企業ベトテルな
どの事例がある[12]。「消費者 (顧客)」では, 積極的な店舗展開によって自
国民に浸透したフィリピン最大の外食チェーン, ジョリビー・フーズ, 同様
のプロセスを経て国内最大の百貨店へ飛躍したタイのセントラル・リテール
などが該当する。国内路線網の急速な拡張により利用者を急増させ, 国内最
大の航空会社となったマレーシアのエアアジア[13], ベトナムのベトジェッ
トエア両社も,「消費者」への支配的アクセスを確立し, 規模を拡大させた。

　「バンドリング・モデル」では, 新興国では CLRs に対する優先的, 支配
的アクセスを地元企業が握る場合が多いと考えるが, すべての地元企業がそ
うであるとは限らない。たとえば,「許認可」や「土地」へのアクセスで
は, 地元政府と緊密な関係を持つか否かが重要であり, 地元企業の中でもマ
レーシアの MAHB やベトナムのベトテルのような政府系企業, 国有企業が
有利な立場にある場合が多い[14]。また, 民間企業の間では有力政治家など
とのコネクションを活用し「許認可」などでメリットを得るというパターン
も観察される[15]。

5. 仮説の検証② (非伝統的 FSAs)

1) 分析の目的・手法

　本節では「グローバル型」AMNEs の競争優位に関する仮説③に含まれる「非伝統的 FSAs」の強さについて検証する。本章 2 節 2) で述べた通り，非伝統的 FSAs は EMNEs が持つ独自の競争優位の源泉として先行研究で度々議論されてきた。以下では非伝統的 FSAs を AMNEs が持つか否かを，分析対象の 37 社すべてについて個々に調べ，「グローバル型」と「リージョナル型」の間に違いが見られるかどうかを探りたい。その結果，前者の方に非伝統的 FSAs が顕著に観察される場合，グローバル型 AMNEs に関する仮説③に含まれる「非伝統的 FSAs」の部分は検証されたとみなす。

　分析に入る前にまず，先行研究で取り上げられたさまざまな非伝統的 FSAs を，①「製品・生産・サービスの刷新・差別化能力」，②「途上国特有の環境で事業を遂行する能力」，③「対外ネットワークの活用」の 3 つのグループに整理する。①～③の具体的な中身は，**図表 4-4** に記されている。

　先行研究では，①が Guillén & García-Canal (2009)，Kia (2016)，Ramamurti (2009)，Verbeke & Kano (2015)，Williamson (2015)，Williamson & Zeng (2009)，Zen & Williamson (2007)，②が Gammeltoft & Hobdari (2017)，Gugler (2017)，Guillén & García-Canal (2009)，Holburn & Zelner (2010)，Kia (2016)，Ramamurti (2009)，Verbeke & Kano (2015)，Williamson (2015)，③が Gammeltoft & Hobdari (2017)，Jain et al. (2013)，Kia (2016)，Pananond (2007)，UNCTAD (2006) などで言及されてきたものである。

　次に，これらの非伝統的 FSAs を各 AMNEs が持つか否かを，各社の国際事業の状況に照らし合わせながら検討する。たとえば，A 社の海外進出を可能にした強みを①～③のいずれかで説明することが可能か，事業内容，進出先，参入形態等の情報を勘案し，該当するとみられる非伝統的 FSAs を特定する。AMNEs によっては複数の非伝統的 FSAs を持つ場合やどれも持た

図表4-4　EMNEs が持つとみられる「非伝統的 FSAs」

①	製品・生産プロセス・サービスの刷新・差別化能力	・低コストで生産・サービスを手掛ける能力 ・市場のニーズに製品・サービス等を適合させる能力 ・後発優位性の発揮（最新の技術，ノウハウの早期採用）
②	途上国特有の環境で事業を遂行する能力	・途上国市場の顧客に関する深い理解 ・脆弱な制度・インフラの下での事業ノウハウ ・政治的なリスクへの対応能力
③	対外ネットワークの活用	・在外同郷人との結びつき（華人，印人など） ・同一宗教の共有（イスラム教など） ・国家間の政治的／軍事的な結びつき ・先進国企業との取引ネットワーク

注：先行研究で取り上げられた様々な非伝統的 FSAs をグループ分けした。
出所：筆者作成。

ない場合もあり得る。この作業は各 AMNEs がどの非伝統的 FSAs を持つかを，各 AMNEs の定性的情報から筆者が特定するものである。ただし，「FSAs という考え方は有益であるが，それを実際に（企業の動きに）当てはめるのは，当該企業が明白で比類なき資産（強み）を持たない場合は難しい」（Ramamurti, 2009, p.404）とも言われる。FSAs の特定は容易でない面がある点に留意する必要がある[16]。

2）分析結果

　非伝統的 FSAs に関する分析結果は，**図表4-5** に示されている。**図表4-4** の記述に従い，各 AMNEs が持つと思われる非伝統的 FSAs が丸数字で記されている。それらの判断に至った根拠は，**図表4-6** に整理されている。

図表4-5　各AMNEsが持つと考えられる非伝統的FSAs

グローバル型（18社）

社名	国籍	業種	非伝統的FSAs ①	②	③
IHHヘルスケア	マレーシア	病院	■	▨	▥
サプラ・エナジー	マレーシア	海洋掘削サービス	■	▨	▥
インドラマ・ベンチャーズ	タイ	ペットボトル原料	■		▥
CPF	タイ	飼料，食肉加工，養鶏	■		▥
ICTSI	フィリピン	港湾運営	■	▨	▥
ジョリビー・フーズ	フィリピン	カフェ，ファストフード	■	▨	▥
ベトテル	ベトナム	通信	■		▥
インドフード	インドネシア	即席めん	■	▨	▥
ゲンティン	マレーシア	カジノ	■	▨	▥
YTLコーポレーション	マレーシア	水道事業	■		▥
MAHB	マレーシア	空港オペレーター	■	▨	▥
タイ・ユニオン・グループ	タイ	ツナ缶	■	▨	▥
マイナー・インターナショナル	タイ	ホテル		▨	▥
エンペラドール	フィリピン	ブランデー		▨	▥
ユニバーサル・ロビーナ	フィリピン	ビスケット，スナック	■	▨	
ビナミルク	ベトナム	乳製品			▥
グアンチョン	マレーシア	カカオ豆加工	■		
セントラル・リテール	タイ	百貨店		▨	

リージョナル型（19社）

社名	国籍	業種	非伝統的FSAs ①	②	③
イタルタイ	タイ	建設	■	▨	
CIMBグループ	マレーシア	銀行			▥
アシアタ・グループ	マレーシア	通信			▥
エアアジア	マレーシア	航空	■		▥
パブリック・バンク	マレーシア	銀行			▥
サイアム・セメント・グループ	タイ	セメント			
サイアム・シティ・セメント	タイ	セメント			
TOAペイント	タイ	塗料			
EGCO	タイ	電力		▨	

BCPG	タイ	電力		░	
タイ・ビバレッジ	タイ	ビール		░	
デュシタニ	タイ	ホテル		░	
バンコク銀行	タイ	銀行			▥
ガムダ	マレーシア	建設		░	
パークソン・ホールディングス	マレーシア	百貨店			▥
QL リソーシズ	マレーシア	養鶏		░	
メイバンク	マレーシア	銀行			
サンミゲル・ブルワリー	フィリピン	ビール			▥
ベトジェットエア	ベトナム	航空		■	

注：①は「製品・生産プロセス・サービスの刷新・差別化能力」，②は「途上国特有の環
　　境で事業を遂行する能力」，③は「対外ネットワークの活用」。詳細は，図表4-4参
　　照。空白は該当する非伝統的FSAsがないと判断されるもの。
　　各AMNEsの非伝統的FSAsは，海外展開の経緯や進出先，現地での経営戦略などを
　　勘案し，どれが当てはまるか筆者が判断した。判断理由については，図表4-6参照。
出所：筆者作成。

図表4-6　各AMNEsが保有する非伝統的FSAsとその判断理由

グローバル型（18社）

社名	非伝統的FSAs	理由
IHH ヘルスケア	①,②,③	①は先端的な医療技術・機器の積極導入。②はインド，中国等での事業展開。③は在外同郷人，同一宗教国との結びつき。
サプラ・エナジー	①,②,③	①は先端的な海洋掘削機器・技術の積極導入。②はアフリカ諸国，③は中東諸国（イスラム圏）などでの事業展開。
インドラマ・ベンチャーズ	①,②,③	①は最新製造技術の積極導入。②はアフリカ等での事業展開，③は在外インド系ネットワークの活用。
CPF	①,②,③	①は養鶏，養豚，エビ養殖等で最先端技術を導入。②はインド，ベトナムなどでの事業展開。③は特に中国での事業展開における華人ネットワークの活用。
ICTSI	①,②,③	①は最新の港湾技術・ノウハウの採用。②はアフリカなど高リスク国での事業ノウハウ。③はスペイン語圏（中南米諸国）への進出。
ジョリビー・フーズ	①,②,③	①は独自の食材供給システムなどの開発・運営能力，②は途上国（ベトナム等）での経営。③は創業者（華人系）の在外ネットワーク活用。

社名	非伝統的FSAs	理由
ベトテル	①, ②, ③	①は低コスト運営の能力や最新技術の早期採用。②はアフリカ, 中南米など途上国での市場開拓。③国家間の緊密な関係を利用した海外展開。
インドフード	①, ②, ③	①はアフリカ市場で現地ニーズに合わせた商品投入。②は中東・アフリカ諸国での事業展開。③はイスラム圏市場への積極参入。
ゲンティン	①, ③	①は最新のカジノ技術・ノウハウの積極導入。③は在外華人ネットワークの活用（シンガポール進出時など）
YTL コーポレーション	①, ③	①は先進国から最新技術（発電など）を積極導入。③旧宗主国（英国）での事業展開。
MAHB	①, ③	①は海外進出先で低コストでのサービス展開。③はイスラム圏市場（トルコ）への参入。
タイ・ユニオン・グループ	①, ③	①は最新製造技術の積極導入。③は先進国企業との取引関係を軸にした海外事業の拡大。
マイナー・インターナショナル	②, ③	②はアフリカ, 中東, アジアの新興国での事業展開。③は米系創業者が持つ広範な取引ネットワーク。
エンペラドール	②, ③	②はアフリカ等での事業展開。③は旧宗主国（スペイン）及びその他スペイン語圏（メキシコ等）への進出。
ユニバーサル・ロビーナ	①, ②	①は市場ニーズに製品・サービスを適合させる能力（ベトナムでの茶飲料など）, ②は脆弱な制度・インフラでの事業ノウハウ（ベトナム, ミャンマー）。
ビナミルク	②, ③	②は脆弱な制度・インフラへの対処能力（カンボジアなど）。③は在外ベトナム人ネットワークの活用など（米国）
グアンチョン	①	①は欧州, アフリカでカカオ豆加工の生産拠点を低コストで運営。
セントラル・リテール	②	②は途上国市場（ベトナム）での店舗網拡張など。

リージョナル型（19社）

社名	非伝統的FSAs	理由
イタルタイ	①, ②	①は低コストで開発案件を受注する能力。②はインド市場などの市場開拓。
CIMB グループ	①, ②	①は市場ニーズにサービスを適合させる能力（イスラム金融, ネット銀行）。③はベトナム, フィリピンなどでの事業展開。
アシアタ・グループ	②, ③	②はネパール, ミャンマーなどでの事業展開。③イスラム圏市場への展開（インドネシア, バングラデシュなど）。
エアアジア	①, ②	①は低コスト運営のノウハウを先進国から積極導入。②はフィリピン, インドネシアなどでの事業運営。
パブリック・バンク	②, ③	②はカンボジア, ベトナムなどでの事業展開。③は在外華人ネットワークの活用（香港など）
サイアム・セメント・グループ	②	②はインドネシア, ベトナムなどでの事業展開。

サイアム・シティ・セメント	②	②はバングラデシュ，ベトナムなどでの事業展開。
TOAペイント	②	②はカンボジア，ミャンマーなどでの事業展開
EGCO	②	②はフィリピン，インドネシアなどでの事業展開。
BCPG	②	②はフィリピン，インドネシアなどでの事業展開。
タイ・ビバレッジ	②	②はベトナム，ミャンマーでの事業展開。
デュシタニ	②	②はフィリピンなどでの店舗営業。
バンコク銀行	③	③は在外華人ネットワークの活用（中国など）
ガムダ	②	②はインドやベトナムでのインフラ案件受注など。
パークソン・ホールディングス	③	③は在外華人ネットワークの活用（中国事業）
QLリソーシズ	②	②はベトナムやインドネシアでの事業展開。
メイバンク	②	②はフィリピンやインドネシアでの事業展開。
サンミゲル・ブルワリー	③	③は在外比人ネットワークの活用（香港など）
ベトジェットエア	①	①低コスト運営のノウハウを海外から積極導入。

注：①は「製品・生産プロセス・サービスの刷新・差別化能力」，②は「途上国特有の環
　　境で事業を遂行する能力」，③は「対外ネットワークの活用」。詳細は，本章図表4-
　　4参照。各AMNEsの非伝統的FSAsは，各社の国際事業の内容（海外展開の経緯や
　　進出先，現地での戦略など）を踏まえ，筆者が独自に判断した。
出所：筆者作成。

　図表4-5から読み取れるのは，主に以下の2点である。

　第1に，AMNEs37社すべてが何らかの非伝統的FSAsを持つ。すなわ
ち，「グローバル型」か「リージョナル型」かにかかわらず，非伝統的
FSAsはAMNEsの競争優位を構成する要素になっている。これは「バンド
リング・モデル」が想定するように国際化に必要な「国内での強さ」がまず
存在し，そこに非伝統的FSAsが加わるという，競争優位の構造が存在する
ことを示す。

　第2に，「グローバル型」と「リージョナル型」を比べると，前者の方が
非伝統的FSAsを多く有する。「グローバル型」で①～③すべてを持つのは
8社，2つ持つのは8社で，合計16社に達する。この数は「グローバル型」
全体の約9割を占める。一方，「リージョナル型」で複数の非伝統的FSAs
を持つのは5社で3割弱に過ぎない。非伝統的FSAsでは「グローバル型」
の優位が目立つのであり，その競争優位に関する仮説③「国内での強さ＋非
伝統的FSAsで主に説明される」は妥当性を有すると考えられる。

「グローバル型」AMNEsのうち，①〜③全てを持つとみられる事例にマレーシアの大手病院，IHHヘルスケアがある。2010年に設立された同社はシンガポール，トルコ，東欧諸国，インドなど海外10カ国に80の病院[17]を展開する世界最大規模の多国籍病院である。同社の強みとしてはまず，最先端の医療技術・機器を積極導入する「後発優位性の発揮」（非伝統的FSAsの①）が挙げられ，進出先の海外市場で高度医療を求める富裕層の支持を得ている。また，中国系やインド系も住む多民族国家マレーシアで育んだ経営ノウハウを持つことから，中国やインドなど他の「途上国市場の顧客に関する深い理解」（同②）も有すると考えられる。さらに中国系，インド系など「在外同郷人との結びつき」（同③）を持つことや，トルコなどへの進出ではイスラム教を国教とするマレーシアと「同一宗教を共有」（同③）する強みも発揮しているとみられる。

フィリピンの外食最大手，ジョリビー・フーズ・コーポレーションも①〜③をすべて備える企業とみられる。ハンバーガーを地元風の味つけにして自国市場に広く浸透させたように「市場のニーズに製品・サービス等を適合させる能力」（同①）を持つことに加え，自国市場で会得した「脆弱な制度・インフラの下での事業ノウハウ」（同②）を活かし，中国やベトナムに展開している。創業者のトニー・タン・カクチョン会長が華人系であるため，中国や台湾での事業展開に際して「在外同郷人との結びつき」（同③）も寄与したとされる[18]。ジョリビーはこれらの非伝統的FSAsの強さを支えに，海外に約2600店舗（2020年末）を展開するアジア最大規模の外食チェーンへ発展したと考えられる。

6．仮説の検証③（RSAs）

1）分析の目的・手法

前節では「グローバル型」および「リージョナル型」の双方を対象に非伝統的FSAsに関する分析を行い，前者が後者に比べ非伝統的FSAsを多く

持つことが示された。一方，非伝統的FSAsが相対的に弱い後者は，「地域特殊的優位（RSAs）」を強みにASEANを中心とするリージョナル展開を行っている可能性がある[19]。この「リージョナル型」に関する仮説④「競争優位は，『国内での強さ＋（ASEAN企業が持つ）RSAs』で主に説明される」に含まれる「RSAs」の部分について，本節では検証を行う。以下，RSAsとは何かを議論し，それらのRSAsを「リージョナル型」AMNEsが実際に持ち合わせているかを調べる。

　本章2節3）で述べた通り，ASEANでは近年，貿易・投資の自由化を中心に域内経済の統合が進められている。このような状況の下でASEAN企業は地元ASEANでの事業展開に際し，域外企業より有利な立場にあると考えられる。本研究が想定するRSAsとはそうした強みを意味する。RSAsという概念を導入するのは，AMNEsの国際化とASEAN経済統合の加速期が同じ2010年代と重なるため，ASEANを中心とするAMNEsのリージョナル型の戦略とASEAN経済統合の動きを関連づけて論じることが可能と思われるためである。

　本研究ではRSAsの具体的な中身として，① ASEAN経済統合によりASEAN企業が享受できる域内企業向けのさまざまな優遇措置，② ASEAN経済統合が進む中でASEAN各国政府が推進する地元企業向けの支援措置，③ ASEAN経済統合に伴う商機獲得に向けた経営者の強い意欲[20]，の3つを想定する（**図表4-7**）。

　これらのRSAsは換言すれば，①はASEAN企業が広く共有する市場自由化のメリット，②はASEAN各国政府が地元企業をさまざまな面で後押ししてくれることのメリット，③は経営トップの熱意という個別企業がASEANで事業を進めるうえでのメリット，をそれぞれ意味する。①はASEAN企業のみがアクセスできる優遇措置で，経済統合に直接関わるものである。②と③は，ASEAN各国の政府・企業が域外の政府・企業以上に地元ASEAN市場での商機獲得に熱心であるため，これらがASEAN企業の域内展開に際してアドバンテージになっているとの考えに基づいている[21]。

図表4−7　地域特殊的優位（RSAs）の種類

	種類	効果
①	ASEAN経済統合によりASEAN企業が享受できる域内企業向けの様々な優遇措置	ASEAN域内では貿易・投資の自由化，制度・ルールの統一などが進められており，ASEAN企業はこれらの経済統合に向けた施策から恩恵を受ける。
②	ASEAN経済統合が進む中でASEAN各国政府が推進する地元企業向けの支援措置	ASEAN各国政府は経済統合が進むASEAN市場における地元企業の商機獲得を重視しており，地元企業向けに様々な支援措置を講じている場合がある。これらの措置は，ASEAN企業が域内で事業を進める上でアドバンテージとなる。
③	ASEAN経済統合に伴う商機獲得に向けた経営者の強い意欲	ASEAN企業の幹部は，経済統合が進む地元ASEAN市場で商機を取り込みたいとの意欲が強く，それを重要な経営目標に据えているケースが少なくない。このことはASEAN企業の域内展開を加速させる要因になっている。

出所：筆者作成。

　以下では「リージョナル型」19社を対象に，これらのRSAsを持つか否かを各社の事業動向を照らしながら判定する。ここで「グローバル型」18社を対象外とするのは，前節で分析した非伝統的FSAsの面で「リージョナル型」に対する優位性がすでに判明し，本節での課題が「リージョナル型」が持つ競争優位の解明に絞られたためである。ただし，非伝統的FSAsと同様にRSAsの有無も確定的に論じることは難しい点には留意が必要である。

2）分析結果
　RSAsに関する判定結果は，**図表4−8**にまとめられている。
　図表4−7の分類に従い，各AMNEsが持つとみられるRSAsは丸数字で記されている。これらの判定を下した理由は，以下の通りである。まずRSAの②については，タイ企業の場合，同国政府が推進している地元企業

図表 4 - 8　AMNEs「リージョナル型（19社）」が持つと考えられる RSAs

社名	国籍	業種	RSAs ①	②	③
イタリアン・タイ・デベロップメント	タイ	建設		▨	
サイアム・セメント・グループ	タイ	セメント（王室系）		▨	▥
サイアム・シティ・セメント	タイ	セメント		▨	
TOA ペイント	タイ	塗料		▨	▥
EGCO	タイ	電力（政府系）		▨	
BCPG	タイ	電力（政府系）		▨	
タイ・ビバレッジ	タイ	ビール		▨	▥
デュシタニ	タイ	ホテル		▨	
バンコク銀行	タイ	銀行		▨	
CIMB グループ・ホールディングス	マレーシア	銀行（政府系）		▨	
アシアタ・グループ	マレーシア	通信（政府系）		▨	
エアアジア	マレーシア	航空			
パブリック・バンク	マレーシア	銀行			
ガムダ	マレーシア	建設（政府系）		▨	
パークソン・ホールディングス	マレーシア	百貨店			▥
QL リソーシズ	マレーシア	養鶏			
メイバンク	マレーシア	銀行（政府系）		▨	
サンミゲル・ブルワリー	フィリピン	ビール			
ベトジェットエア	ベトナム	航空		▨	▥

注：①は ASEAN 経済統合により ASEAN 企業が享受できる様々な優遇措置，②は
　　ASEAN 経済統合が進む中で ASEAN 各国政府が推進する地元企業向けの支援措置，
　　③は ASEAN 経済統合に伴う商機獲得に向けた経営者の強い意欲。各社の事業展開状
　　況に照らし合わせて，各 RSAs の有無を判定した。
出所：筆者作成。

向けの対 ASEAN 進出支援策の恩恵を何らかの形で受けているため，同国
の AMNEs のほぼすべてが②を持つと判断した[22]。また，マレーシア企業
については同国政府が特に政府系企業の ASEAN 市場進出を後押ししてい
ることから，政府系企業には②が存在するとみなした[23]。一方，RSA の③

に関しては，各社の経営目標や年次報告書の記載，経営幹部の発言等から
ASEAN市場に対する経営者の強い姿勢が感じられる否かを個別に判断し
た。その結果，「リージョナル型」19社のうち11社に③が存在すると結論づ
けた。その判定理由は**図表4-9**にまとめられている。

図表4-9　RSAs ③[注1]を持つ「リージョナル」型 AMNEs

社名	国籍	業種	判定理由
サイアム・セメント・グループ	タイ	セメント（王室系）	経営幹部がASEAN市場の重要性に度々言及。「ASEANの揺るぎないビジネスリーダーになる」との経営目標を掲げ，特にベトナムとインドネシアで投資を拡大する方針を示す。決算資料には「ASEAN事業（タイを除く）」というセグメント情報がある。ASEAN事業の売上高比率は年々上昇している。
TOAペイント	タイ	塗料	創業50周年に当たる2014年からASEAN市場のリーダー的存在を目指すとする経営戦略をスタート。「Go Asia」と書かれた看板を工場などに掲げ，ASEAN10カ国の標準時刻を表示する時計も設置した[注2]。2017年の株式上場を経て，ASEAN事業に一段と注力。
タイ・ビバレッジ	タイ	ビール	2014年，ASEAN事業拡大を最重要目標に据えた経営6カ年計画「ビジョン2020」を策定した。経営トップ主導の下でまとめられた同計画で，2020年までに売上高の半分をASEAN（タイを除く）で稼ぐとの数値目標を掲げた[注3]。
バンコク銀行	タイ	銀行	年次報告書などで自らを「ASEANの銀行」と表現。「当行はASEAN経済共同体（の実現）から恩恵を受けるポジションにある」[注4]とASEAN域内で積極経営を続ける姿勢をアピール。
CIMBグループ	マレーシア	銀行（政府系）	2006年以降，自らの存在をASEAN域内で広く事業を手掛ける「リージョナル・ユニバーサル・バンク」と位置づけ，「ASEAN」をキーワードに新しい企業イメージの構築を推進。トップ自らがASEAN市場重視の姿勢を繰り返し訴えてきた[注5]。
アシアタ・グループ	マレーシア	通信（政府系）	ASEANを含むアジア市場で「トップクラスの通信グループへ発展する」[注6]ことを目標に掲げる。既にインドネシアやカンボジアの携帯通信業界で有力な市場プレーヤーになっている。

エアアジア	マレーシア	航空	トップのトニー・フェルナンデス CEO が「我々は真の ASEAN の航空会社となる」との発言を繰り返す。ASEAN 域内の需要を取り込み，会社をさらに発展させたいと意気込んでいる。ASEAN 域内ではインドネシア，タイ，フィリピンに合弁会社を持つ。
パークソン・ホールディングス	マレーシア	百貨店	シンガポールに ASEAN 部門の統括会社があり，ここを拠点にインドネシアやベトナムに事業を展開している。経営トップの掛け声の下，2010年代以降，ASEAN 事業を拡大させたが，近年はベトナム国内店舗の閉店が相次ぐなど苦戦を強いられている。
QL リソーシズ	マレーシア	養鶏	2010年代以降，インドネシア，ベトナムで養鶏場を経営している。本国マレーシア以外の展開先として両国を重視している。
メイバンク	マレーシア	銀行（政府系）	2010年代にシンガポールの証券会社買収，カンボジア子会社やミャンマー支店の開設など ASEAN 事業を拡大。2016年に策定した経営5カ年計画で，ASEAN でトップ級の金融サービス・プロバイダーになるとの目標を掲げた。年次報告書（2021年版）に「好まれる ASEAN の銀行（preferred ASEAN Bank）」を目指すと明記。
ベトジェットエア	ベトナム	航空	2016年にタイに合弁会社を設立し，同国の国内線市場に参入。本拠地ベトナムとタイ，シンガポールなど ASEAN 諸国を結ぶ国際線拡充に注力している。創業者のグエン・ティ・フオン・タオ社長兼 CEO の強力なリーダーシップの下，ASEAN を中心とするアジア域内での国際線事業を拡大している。

注1：RSA ③は「ASEAN 経済統合に伴う商機獲得に向けた経営者の強い意欲」を指す。「強い意欲」の有無は，各社の経営目標や年次報告書の記載，経営幹部自らの発言内容などから判定した。

注2：2014年10月6日付の週刊タイ経済。

注3：詳細は，第7章参照。

注4：同社の年次報告書（2017年版）で紹介されたチャートリー・ソーポンパニット会長（当時）の言葉。

注5：詳細は，第8章参照。

注6：同社の年次報告書（2019年版）で紹介されたガザリ・シェイク・アブドル・カリド会長（当時）の言葉。

出所：筆者作成。

図表4-8から主に見て取れるのは，以下の2点である。

　第1に「リージョナル型」AMNEsの大半がRSAsを持つ。具体的には全体の8割超に当たる16社に存在し，うち8社は2つのRSAsを併せ持つ。「リージョナル型」の特徴はアジア中心の事業展開であるが，その中でもASEAN域内での動きが目立つ。これら企業群のASEAN市場への進出に当たり，本分析で特定したRSAsは，競争優位を構成する主要な要素になったとみられる。すなわち「リージョナル型」に関する仮説④の「RSAs」の部分には妥当性があると考えられる。

　第2にRSAsの①を持つとみられる例は皆無である。図表4-7の説明にある通り，①は経済統合の進展で地元ASEAN企業が優先的に享受できる貿易・投資の自由化措置等によるメリットを想定している。経済統合に直接関係するため，代表的なRSAsと考えられるが，実際にはこれを活用する形でリージョナル展開を進めている事例は特定できない。このことはASEAN域内の投資自由化措置が各国の利害対立から思うように進まず，実効性が乏しい状態であることに関係があるとみられる[24]。このため，「リージョナル型」から検出されるRSAsは，各国政府が提供する②と各企業トップが主導する③の2つに絞られるという結果になった。

7. 分析のまとめと次章以降の目的

1）仮説検証の結果

　本章ではAMNEsの競争優位に関する仮説について，「国内での強さ」，非伝統的FSAs，RSAsという3つの視点から検証を試みた。その結果，「国内での強さ」が「グローバル型」「リージョナル型」双方の競争優位を構成する共通の要素になっていることがわかった。また，非伝統的FSAsは「グローバル型」で顕著に観察される一方で，それが相対的に乏しい「リージョナル型」ではRSAsの存在が特徴的であった。すなわち，「グローバル型」は「国内での強さ＋非伝統的FSAsの強さ」，「リージョナル型」は「国内で

図表4-10　本章で検証されたAMNEsの競争優位に関す仮説

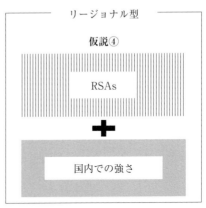

注：グローバル型，リージョナル型それぞれの競争優位の構図を単純化したもので，グ
　　ローバル型にRSAがない，リージョナル型に非伝統的FSAsがないことを意味しな
　　い。
出所：筆者作成。

の強さ＋RSAs」という組み合わせが，それぞれの競争優位を説明する基本
構造であり，AMNESの競争優位に関する仮説③と④の妥当性が示されたと
言える。これらの仮説を図示すると，**図表4-10**のように整理されよう。

　すでに見たように，「グローバル型」に比べ総じて乏しいとはいえ，「リー
ジョナル型」も何らかの非伝統的FSAsを持つ場合が多い（**図表4-5**）。一
方，ASEAN域内へ進出している「グローバル型」もRSAsを持つ可能性が
ある。したがって「グローバル型」も「リージョナル型」も非伝統的FSAs
とRSAsの双方を持つ場合が少なくないとみられるが，**図表4-10**は「国内
での強さ」という共通要素に加えて，前者は非伝統的FSAs，後者はRSAs
をそれぞれ主な強みにしていることを示す。すなわち，双方の競争優位の構
図を単純化し，その特徴を表現したのが**図表4-10**である。

　前章と本章の分析により，AMNESの国際化戦略と競争優位に関する，そ
れぞれ2つの仮説が検証された。それらの仮説を「グローバル型」，「リー
ジョナル型」という戦略別に改めて整理し直すと，**図表4-11**のようになる。

図表 4-11　AMNEs の国際化戦略と競争優位

【グローバル型】

● 中小業種に属する AMNEs は，グローバル展開を指向する（仮説①）。

● 競争優位は，「国内での強さ＋非伝統的 FSAs の強さ」で主に説明される（仮説③）。

【リージョナル型】

● 大業種に属する AMNEs は，リージョナル展開を指向する（仮説②）。

● 競争優位は，「国内での強さ＋（ASEAN 企業が持つ）RSAs」で主に説明される（仮説④）。

２）仮説の背後に何があるのか？

前章および本章の仮説検証の作業には課題が残されている。

第 1 に，国際化戦略については，「中小業種・グローバル型」，「大業種・グローバル型」という 2 パターンの現象が生じる背景が不明である。両パターンに分類される AMNEs が多いことはわかったが，どのような事情からそうなるのか。AMNEs が広く共有する「後発性」「中小規模」という特徴と何らかの関わりがあるのかは定かでない。仮説の検証では二項ロジスティック回帰分析の結果に基づき，AMNEs の業種規模と「グルーバル型／リージョナル型」の関係性を確認したが，その詳細は考察されていない。

第 2 に，競争優位に関する分析では，「グローバル型」に「国内での強さ」と非伝統的 FSAs，「リージョナル型」に「国内での強さ」と RSAs という複層的な構図がそれぞれ存在することがわかった。しかし，双方が共有する「国内での強さ」が実際の国際化プロセスにどのように活かされたかは明らかにされていない。また，「グローバル型」の非伝統的 FSAs，「リージョナル型」の RSAs が如何なるものなのか，また，それらが形成された経緯や実際にどのように活用されたかも厳密に議論されていない。

第 3 に，特に前章の「国際化戦略」の分析は，AMNEs37 社に関する観察

時点[25]の情報を主な手掛かりに進められた。具体的には，各社が属する業界の市場規模のほか，海外売上高比率や海外資産比率などの決算情報を基にクロスセクションの分析が行われた。それらの結果から特定された「中小業種・グローバル型」「大業種・リージョナル型」という 2 パターンの現象は，あくまでも観察時点で浮かび上がった特徴的な動きであり，過去の出来事とどのように結び付いているかという時系列の視点を欠いている。「経営についての計量研究は経営世界との対応でみると，その一部しか研究対象として捉えてない」（田村，2016，p.37）。その指摘は，ここでも当てはまる。

　前章および本章の仮説を検証する過程で明らかにされなかった上述のさまざまな論点を考察するには，個別企業の事例を詳細に分析し，検証の作業を補強する必要がある。前章の国際化戦略，本章の競争優位に関する分析は，主要 AMNEs37社を統合的に捉え，それらの全体的な動向を把握することに主眼を置いた。この作業の限界を踏まえ，次章以降では個別企業の詳細な事例研究を行い，AMNEs の国際化戦略，競争優位に関する考察を深める。

3）事例研究の意義

　事例研究に代表される定性的アプローチについては，金（2016）が国際ビジネス研究の海外有力学術誌に掲載された論文を調べた結果から，研究テーマが新しい現象である，ミクロレベルの複雑な相互作用やプロセスの解明を試みる，長期に亘る変化を観察・理解することなどを目的とする場合，定性的アプローチが妥当で合理的な理由とみなされると指摘している（p.41）。この点は，「多くの事例にまたがる一般的なパターンを発見することが課題」（田村，2016，p.36）とされる定量的アプローチとは異なる点である。

　本研究が着目する ASEAN 企業の多国籍化というテーマは，国際ビジネス研究の対象としてあまり取り上げられていない「新しい現象」と言える。さらに前章と本章での仮説検証後の本研究における主要な課題が，仮説が成立し得る要因や背景に関する考察となることから，「ミクロレベルの複雑な相互作用やプロセス」「長期に亘る変化」に関する解明，理解に資する事例

研究は有力な研究手法になると考えられる。

　定性的アプローチの目的に関し，Doz（2011）は理論の構築，検証に加え「（理論の）鍵となる要素や（それらの間の）関係性を強調し，その（理論の）適用性を示すこと」（p.584）とし，そのような「定性的な説明により理論に関する理解に資するかもしれない」（同）と指摘している。本研究の考察対象である ASEAN の国際化戦略に即して言えば，前章の分析により「中小業種・グローバル型」「大業種・リージョナル型」という2つの仮説が検証されたが，さらに「その事例での結果がいかに生み出されたかの過程を捉えるアプローチ」（田村，2006, p.36）である事例研究を行うことで，仮説の背後にある因果関係を考察できるとみられる。AMNEs の競争優位に関する仮説検証では統計学的手法が用いられていない。事例研究により検証の結果を補強するとともに，「国内での強さ」，非伝統的 FSAs，RSAs という競争優位を構成する各要素と国際化の因果関係も考察する。「因果律が作動する過程」（田村，2006, p.100）である因果メカニズムを解明することが，次章以降の事例研究における主要な課題である。

4）事例研究で取り上げる AMNEs

　次章以下の5つの章では，各章1社ずつ，合計5つの AMNEs を取り上げる。具体的には，第5章でタイのツナ缶メーカー，タイ・ユニオン・グループ，第6章でフィリピンの港湾運営企業，インターナショナル・コンテナ・ターミナル・サービシズ（ICTSI），第7章でタイのビールメーカー，タイ・ビバレッジ，第8章でマレーシアの銀行，CIMB グループ・ホールディングス，第9章でベトナムの通信企業，ベトナム軍隊工業通信グループ（ベトテル）の順に事例研究を行う。

　このうちタイ・ユニオンと ICTSI は「グローバル型」に該当し，仮説①「中小業種に属する AMNEs は，グローバル展開を指向する」と仮説③「競争優位は『国内での強さ＋非伝統的 FSAs の強さ』で主に説明される」に合致する事例である。一方，タイ・ビバレッジと CIMB は「リージョナル型」

で，仮説②「大業種に属する AMNEs は，リージョナル展開を指向する」，仮説④「競争優位は，『国内での強さ＋（ASEAN 企業が持つ）RSAs』で主に説明される」に当てはまる事例である。最後に取り上げるベトテルは，大業種に属しながらグローバル型の国際展開を行う AMNEs であり，仮説①にも②にも該当しない変則的な事例と位置づけられる。

「グローバル型」の事例として選んだタイ・ユニオンと ICTSI は各々の業界で前者は世界 1 位，後者も同 8 位の有力プレーヤーである。「リージョナル型」のタイ・ビバレッジと CIMB は ASEAN 域内で M&A を軸に経営拡大に注力し，域内の有力企業として存在感を高めている。これら 4 社は「グローバル型」「リージョナル型」のそれぞれ「代表事例」[26) に当たる企業群で，事例研究の対象として妥当と考えられる。また，ベトテルは「大業種・グローバル型」という AMNEs で希少なケースであるが，同社の事例を通じ AMNEs のとりわけ競争優位に関する考察を深めることにする。

8．おわりに

本章では主要 AMNEs の競争優位に関する仮説を設定し，「グローバル型」は「国内での強さ＋非伝統的 FSAs」，「リージョナル型」は「国内での強さ＋RSAs」で主に説明される競争優位の構図を持つことを確認した。この結果，前章の「国際化戦略」に関する 2 つの仮説と合わせ，合計 4 つの仮説が妥当性を持つことが示された。これらは AMNEs が「どのような国際化を進めているのか」，「なぜ，国際化ができるのか」という，本研究で設定したリサーチ・クエスチョンに対する回答となる。だが，ここまでの分析からは 4 つの仮説が成立し得る背景など詳細な事情は不明であり，さらに突っ込んだ分析が必要である。このため，次章以降の 5 つの章で事例研究を行い，前章および本章の分析結果を補強することにする。

注

1 ）この点は Narula（2012），Williamson（2014），Williamson & Wan（2018），Gammeltoft & Hobdari（2017）などでも同様に指摘されている。

2 ）「非伝統的（non-traditional)」という表現は，Williamson（2015）で用いられている。本稿では，EMNEs が持つ独特の FSAs であると先行研究で指摘されてきたものを総称して「非伝統的 FSAs」と表現する。

3 ）「非伝統的」という言葉を用いていないものも多いが，EMNEs が持つユニークな FSAs という観点から分析を行っている点は共通している。

4 ）先行研究で指摘されたさまざまな非伝統的 FSA については，本章第 5 節で整理する。

5 ）Beleska Spanova et al.（2016）はタイ企業にとってシンガポールの技術開発力やインドネシアの豊富な労働力が RSAs に該当するとし，タイ企業が ASEAN 域内に進出することで入手できる新たな強みという意味で RSAs を議論している。

6 ）データの出所，留意事項は巻末の附表参照。

7 ）「グローバル型」のうち，CPF は分析対象である 3 業種でいずれも 1 位，ジョリビーは 2 業種のうち 1 業種で 1 位である。

8 ）後者にはマレーシアのパブリック・バンクやフィリピンのサンミゲル・ブルワリーのように1990年代という早い時期から国際化が加速した例も見られる。

9 ）2002年 3 月28日付の日本経済新聞。

10）タイ・ビバレッジの国際化の詳細については第 7 章参照。

11）第 6 章で詳述する。

12）ベトテルの発展プロセスについては第 9 章で分析する。

13）現社名はキャピタル A である。

14）AMNEs の中には政府との「緊密な関係」を強みに許認可などを取得し，それを足掛かりに成長を遂げた例が目立つ。ただ，政権交代などの理由から「緊密な関係」が逆にマイナスの影響を及ぼす可能性もあることには留意が必要である。

15）たとえば，マレーシアのゲンティンの創業者は建国期から与党指導者と緊密な関係にあった（同社年次報告書）。また，同国の YTL コーポレーションの創業者はトゥンク・アブドゥラ・ラーマン初代首相の親しい友人であったとされる（Haley et al., 2009, p.181）。

16）Ramamurti（2009）は，先進国多国籍企業が持つ FSAs を巡る議論でこの点に言及した。EMNEs の非伝統的 FSAs に関する分析にも同様の難しさがあり，それらを特定するには長年の地道な作業が必要だと述べている。

17）同社ホームページ　https://www.ihhhealthcare.com/about-us/our-global-network （2021年 1 月21日アクセス）。

18）ジョリビーは2000年代に中国や台湾の外食チェーンを相次いで買収した。一連の
　　M&A は，中国系のタン会長の人的ネットワークを活用したものとされる（2012年12
　　月 3 日付日本経済新聞）。

19）本章 2 節 3 ）参照。

20）単に意欲を見せているだけではなく，それが実際の経営戦略，すなわち ASEAN 域
　　内での事業の拡大に結び付けていることを想定している。

21）ASEAN 市場をターゲットとする「自国政府による支援措置」や「経営者の強い意
　　欲」は，たとえば日本政府・企業にも観察される。しかし，ASEAN 各国の政府・企
　　業では域外国の政府・企業に比べ「支援措置」も「意欲」も総じてより強いと考えら
　　れる。したがって，ここではこれらを AMNEs が有する「RSAs」とみなしている。

22）イタリアン・タイ・デベロップメントだけは主要な展開先がインドなど南アジアであ
　　るため該当外とした。タイ政府の進出支援策は第 7 章で詳述する。

23）マレーシア政府の支援策については，第 8 章で詳述する。

24）ASEAN 域内の投資自由化の動向については，助川（2020）を参照。

25）第 3 章の注12で触れたように，各社の決算情報は2019年度の数値を用いている。

26）田村（2006）によると，「代表事例とは，その事例が何らかの理論カテゴリーの代表
　　的な事例になっている場合である」（p.81）。その事例の代表性が強い場合は，「その
　　事例の研究によって得られた知識は，その理論カテゴリーに含まれる他の事例にも適
　　用することができる」（同）とされる。

第5章

タイ・ユニオン・グループ
―「グローバル」型の事例研究①―

1．はじめに

　本章と次章ではグローバル型 AMNEs に関する 2 つの仮説である「中小業種に属する AMNEs は，グローバル展開を指向する」（仮説①）と「競争優位は，『国内での強さ＋非伝統的 FSAs』で主に説明される」（仮説③）について，事例研究を通じて考察する。仮説①では，なぜ中小業種の AMNEs がグローバル型を指向するのか，仮説③では「国内での強さ」と非伝統的 FSAs，特に後者がグローバル型 AMNEs の戦略にどう活かされているのか，が主要な分析ポイントとなる。本章でまず取り上げるのは，タイのツナ缶メーカー，タイ・ユニオン・グループである。以下，第 2 節で同社の概要に触れ，第 3 節で多国籍化の経緯や現状を確認する。さらに第 4 節で仮説①，第 5 節で仮説③に関する考察をそれぞれ行い，第 6 節でまとめる。

2．タイ・ユニオンの概要

　タイ・ユニオン・グループ（以下，TUG）は，ツナ缶で世界最大手の水産会社で，世界シェアは約20％とされる[1]。創業は1977年で，中国広東省出身のクライソン・チャンシリ氏が首都バンコク郊外にあった小さな工場を買収したのが始まりである。最初の社名は「タイ・ユニオン・マニュファクチャリング」で，88年に「タイ・ユニオン・フローズン・プロダクツ（TUFP）」に変更され，それと同時に冷凍シーフードの生産・輸出が始まった。TUFP は92年から日本の三菱商事[2]，はごろもフーズと提携関係に入り，94年にタイ証券取引所に株式を上場した。翌95年に創業者クライソン氏の息子，ティラポン氏が30歳の若さで最高経営責任者（CEO）に就任し，2015年に現社名に変更した。

　TUG の2020年12月期の売上高は前期比 5 ％増の1,324億バーツ（約4,991億円），EBITDA は同27％増の130億バーツ（約490億円）であった[3]。売上

高は2018年以降伸び悩んだが，17年まで8年連続で過去最高を記録していた（**図表5-1**）。海外売上高比率（20年）は90％と高い。国・地域別の内訳は米国42％，欧州29％と双方で70％超を占め，先進国市場への依存度が高い（**図表5-2**）。生産のグローバル化が進んでおり，北米，欧州，アジア，アフリカ4大陸の計13カ国に17の生産拠点，国内外で約4万4,000人の従業員（非常勤含む）を抱える。売上高の部門別構成比は，ツナ缶を中心とする常温保存食品（ambient seafood）が47％，冷凍食品（frozen, chilled seafood and related business）が37％，ペットフードその他（petcare, value added and other business）が15％である。

　TUG が本社を置くタイは世界最大のツナ缶輸出国である。国連貿易統計（Comtrade）によると，2020年のタイのツナ缶輸出額は約23億7,300万ドル，輸出シェアは32％と世界1位であった。2位エクアドル（10億3,300万ドル，シェア14％）を大きく上回り，タイの存在感は圧倒的である。タイのツナ缶輸出先を見ると，1位は米国で全輸出額の約28％を占め，以下，

図表 5-1　TUG の業績推移

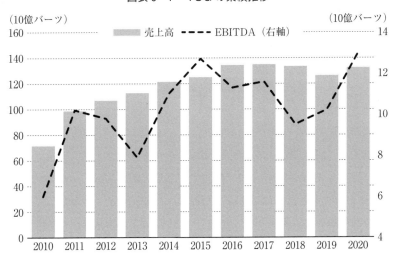

出所：TUG の年次報告書より筆者作成。

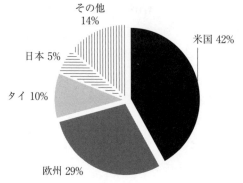

図表 5-2　TUG の国・地域別売上高比率（2020年）

出所：2020年度年次報告書より筆者作成。

2位日本（約9％），3位オーストラリア（約7％）の順である。輸出先の上位には4位エジプト，5位サウジアラビアなど中東諸国も顔を出す。TUG は世界最大のツナ缶輸出国・タイを支える最有力プレーヤーで，同社の製品はタイのツナ缶輸出額の4割を占めると言われる（Pananond, 2016, p.296）。

3．国際化の経緯

　TUG にとって最初の海外投資案件は，1997年に実施した米国第3位のツナ缶メーカー，チキン・オブ・ザ・シーの買収であった。TUG はまず，チキン社の株式50％を2,100万ドルで取得し，残りの株式も2000年に3,800万ドルで購入し，同社を完全子会社とした。「チキン・オブ・ザ・シー」のツナ缶は，現在も TUG が米国市場で展開する主要ブランドとなっている。

　TUG がチキン社買収に踏み切ったのは，自らが事業主体となって国際市場への関与を強める狙いからである。TUG は創業以来，外国企業向けの製品供給，すなわち相手先ブランドによる生産（OEM）によって成長を続けたが，チキン社を買収することで有力ブランドを自ら保有する多国籍企業と

して更なる成長を目指す姿勢を鮮明に打ち出したのである。

　2010年代に入ると，TUG は欧米有力ブランドを次々と傘下に収めていく。まず2010年にフランスの水産大手，MW ブランズを買収し，同社が英仏をはじめ欧州で展開する「ジョン・ウエスト」「プチ・ナビール」「パルメンティア」「マレブル」などの有力ブランドを一気に手中に収めた。さらに2014年にノルウェーの水産品缶詰会社，キング・オスカーとフランスのスモークサーモン最大手，マーラインス，2016年にドイツの水産缶詰会社，ルーゲン・フィッシュ，2018年にロシアで事業を展開しているルクセンブルグの水産加工会社，TUMD ルクセンブルグを相次いで買収したのである。

　一方で，TUG は2000年代後半以降，インドネシアやベトナム，パプア・ニューギニア，インドなどアジア諸国を中心にマグロやエビの漁や加工等の生産拠点も整備した。さらに重点市場の米国で2010年にペットフードの生産販売会社を設立し，15年にロブスターの加工会社オリオン・シーフード・インターナショナルを買収した。16年に海外に店舗網を持つ米大手シーフード・レストラン，レッド・ロブスター・シーフードに資本参加し，20年に子会社化した。このように TUG は生産拠点の拡充，多角化の推進，川下ビジネスへの進出と多彩な領域で国際化に拍車を掛けた。

4．仮説①に関する考察

　本節では「中小業種に属する AMNEs は，グローバル展開を指向する」という仮説①に関し，TUG の事例から考察する。具体的には，「中小業種」に属する TUG がなぜグローバル展開を指向するのか，その要因・背景を探り，仮説①がなぜ成立し得るのか説明を試みたい。

　まず，「中小業種」と「グローバル展開」の意味を改めて確認しよう。前者は第3章で行ったロジスティック回帰分析の結果に基づき，図表3-11で示された世界市場規模が約5,000億ドル未満[4]の業種を指す。TUG の主要製品であるツナ缶の市場規模は82億ドルであるため，同業界は「中小業種」に

115

分類される[5]。

　一方,「グローバル展開」とは,海外売上高,海外資産額,海外子会社数,海外従業員の4項目の「アジア比率」が低いケースを指す[6]。TUGは売上高のアジア依存度が低く(**図表5-2**),アジア以外に約9割の海外子会社が分布することからグローバル型AMNEsとみなされる[7](**図表5-3**)。

　既述の通り,TUGは1997年に同社初の海外投資に踏み切ったが,その後2000年代の幾つかの動きを経て,同社の国際化プロセスは2010年代に本格化した。これは同社の年次報告書に記載されている海外投資案件(M&A,合弁・子会社の設立等)に関する事例を辿れば確認できる。その数は1990年代:1→2000年代:4→2010年代:12と急増しており,他の多くのAMNEsと同様,TUGもまた,2010年代に多国籍化に拍車を掛けたことがわかる。

　同社が欧米でのM&Aを軸に海外展開を加速させたのは,利幅の低い海外企業向けOEM事業に対する依存度を引き下げるためであった。OEM主体の事業のままでは「量」の拡大を追求し続けない限り,経営がやがて行き詰まる可能性がある。このため,利幅の高い自社ブランドを拡充し,経営の主導権を確保することで「10年先の長期戦略を立てられる」[8](ティラポン

図表5-3　TUG子会社の国・地域別内訳(2019年末)

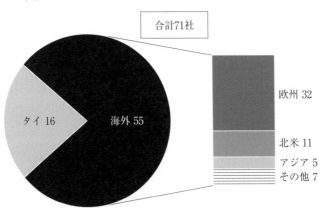

出所:TUGの年次報告書から筆者作成。

116

CEO）体制を構築しようとした。それでは，TUG が「グローバル型」の国際化戦略を一気に進めることができた要因，背景は何であったのだろうか。

　図表 5-4 は，TUG の主要な海外 M&A 案件とそれらの金額を一覧にしたものである。買収額が不明な案件は，被買収企業の売上高規模が記されている。この表から浮かび上がるのは，TUG の M&A 案件が総じて小規模である点だ。初の海外投資案件となった1997年の米チキン・オブ・ザ・シーの買収金額は合計約3,900万ドル，2016年に買収した独リューゲン・フィッシュは約4,220万ユーロ，TUMD ルクセンブルグは約1,600万ドルで，いずれも円換算で100億円を下回る。TUG が実施した最大規模の M&A は，2010年の仏 MW ブランズ買収で約 6 億8,000万ユーロである。買収額が不明な案件を見ると，14年に買収したノルウェーのキング・オスカーやカナダのレ・ペッシェリ・ド・シェヌーはいずれも売上高100億円未満の企業であった。

　上記案件のうち，ノルウェーのキング・オスカーは，主力の高級イワシ缶が米国と地元ノルウェーでトップ級の売上高を誇り，サバ缶はポーランドとベルギーで有力ブランドであった。TUG が買収した当時のキング社の生産能力は年間約 1 億3,500万缶で，うち9,000万缶以上が世界16カ国に輸出されていた[9]。また，2016年に買収した独リューゲン社は，地元ドイツを中心にニシン，サバ，サーモンなどの缶詰を生産・販売し，同国の水産品缶詰市場で 4 割近くのシェアを誇っていた[10]。TUG が買収したこれらの企業群は，買収額や年間売上高が100億円未満というケースが多いが，ツナ缶（水産品缶詰）という「中小業種」で地元の国・地域に根付いた有力企業が少なくなかった。英仏伊などで市場シェア 1 位の水産品缶詰を展開していた仏 MW ブランズの買収金額は相対的に大きかったものの，それでも1,000億円を下回っていた。

　TUG の海外展開が加速した2010年代初頭，同社の売上高（2010年12月期）は約715億バーツ（約2,000億円）と現在の半分以下の規模であった。その TUG が欧米有力ブランドを次々と傘下に収め，Ramamurti（2009），Ramamurti & Singh（2009）が EMNEs の国際化戦略の 1 つとして提示し

図表 5-4　TUG の主な買収案件

被買収企業	国	買収金額
チキン・オブ・ザ・シー（1997年）	米国	2,100万ドル（株式50％，約23億円）
MW ブランズ（2010年）	フランス	6億8,000万ユーロ（全株式，約750億円）
マーアライアンス（2014年）	フランス	非公表（全株式），2013年度の売上高2億2,000万ドル（約263億円）
キング・オスカー（2014年）	ノルウェー	非公表（全株式），2013年度の売上高8,000万ドル（約96億円）
レッド・ロブスター・シーフード（2016年）	米国	5億7,500万ドル（株式49％，約667億円）
リューゲン・フィッシュ（2016年）	ドイツ	4,220万ユーロ（全株式，約52億円）
レ・ペッシェリ・ド・シェヌー（2016年）	カナダ	非公表（全株式），2015年度の売上高約5,000万カナダドル（約43億円）
TUMD ルクセンブルク（2018年）	ルクセンブルク	1,600万ドル（株式45％，約18億円）

注：円換算額は，買収当時の為替レートを使用して計算。チキン・オブ・ザ・シーは2000年に残り50％も取得。レッド・ロブスターは2020年に出資比率を85％へ引き上げた。リューゲン・フィッシュは2021年に残り49％を取得し，完全子会社化。TUMD ルクセンブルクは2020年に出資比率を90％へ引き上げ。
出所：TUG の年次報告書，報道用資料，各メディア報道などから筆者作成。

た「グローバル規模の業界再編主導型（global consolidator)[11]」を彷彿とさせる動きを実行できた要因としては，同社が「中小業種」のツナ缶（水産品缶詰）業界に属し，グローバル化の主要手段とした M&A のコストがそれほど高くなかった点が考えられる。すなわち，規模が"小粒"な TUG がグローバル型の戦略を進めることができたのは，「中小業種」を舞台としてい

たという事情があったとみられる。

「中小業種」のツナ缶業界にはグローバルブランドを持つ巨大企業が不在であり，主要な欧米市場では有力ローカルブランドを持つ地元企業が乱立していた。こうした状況も，2010年代に国際化に本腰を入れ始めた「後発」EMNEs の TUG にとって，「グローバル型」の国際化戦略を推進するうえで好都合であったと考えられる。このような TUG の事例からは，「中小業種→グローバル型」という国際化戦略を後押しした要因，背景が浮かび上がる。

5．仮説③に関する考察

次にグローバル型 AMNEs に関する仮説③「競争優位は，『国内での強さ＋非伝統的 FSAs』で主に説明できる」について，TUG の事例から考察したい。他の多くの AMNEs と同様，TUG の場合も国内で強固な基盤を築いた後で海外展開を加速するという，Hennart（2009, 2012, 2018）が「バンドリング・モデル」で想定した時系列の動きが観察される（**図表4-3**）。また，EMNEs が持つ独自の競争優位として先行研究で指摘されてきた非伝統的 FSAs については，**図表4-4** で示された項目のうち，TUG は，①「製品・生産プロセス・サービスの刷新・差別化能力」と③「対外ネットワークの活用」に該当するものを持つと考えられる（**図表4-5**）。そこで本節では以下，「国内での強さ」と非伝統的 FSAs が，TUG の海外展開にどのように活かされたか分析を行う。

1）「国内での強さ」
TUG の成長プロセスを分析した Pananond（2012）は，その過程を①国内拡張期（1973-96年）[12]，②国際化の初期段階（1997-2009年），③グローバル展開期（2010-現在）という3つの時期に区分している（**図表5-5**）。TUG は創業から約20年間は地元タイでの基盤強化を経営戦略の中心に据

図表5-5　TUG の経営展開

国内拡張期

1977	創業（社名「タイ・ユニオン・マニュファクチャリング」）。
1988	日本と米国へ輸出を始める。
1992	三菱商事，はごろもフーズとの提携関係が始まる。
1994	タイ証券取引所に株式上場。

国際化初期

1997	米国3位のツナ缶メーカーを買収。初の海外投資案件。
2003	米大手シーフード輸入販売会社，エンプレス・インターナショナル買収。
2006	インドネシアのツナ缶メーカー，ジュイファ・インターナショナル買収。
2008	ベトナムのかに，ツナの缶詰メーカー，ユー・チャン・カン・フードを買収。
2009	パプアニューギニアにマグロの漁・加工を行う合弁会社を設立。
2009	インドのエビ養殖，冷凍エビ生産業者，アバンディ・フィーズに出資。

グローバル展開期

2010	フランスの水産大手，MW ブランズを買収。
2010	米国に US ペット・ニュートリション（ペットフードの生産販売）を設立。
2014	フランスのスモークサーモン最大手，マーアラインスを買収。
2014	ノルウェーの有力イワシ缶メーカー，キング・オスカーを買収。
2015	米国のロブスター加工会社，オリオン・シーフード・インターナショナルを買収。
2015	中東最大の消費関連メーカー，サボラ・フーズと合弁会社設立。
2016	ドイツのニシンやサバの缶詰メーカー，リューゲン・フィッシュを買収。
2016	カナダのロブスター加工会社，レ・ペッシェリ・ド・シェヌーを買収。
2016	米国のシーフードレストラン，レッド・ロブスター・シーフードに資本参加。
2016	インドの水産加工会社，アバンティ・フローズン・フーズの株式40％取得。
2018	ルクセンブルグの水産加工会社，TUMD ルクセンブルグに資本参加。

注：国内拡張期，国際化初期，グローバル展開期の区分は，Pananond（2012）を参考に
　　した。
出所：TUG の年次報告書，各種メディア報道などより筆者作成。

え，国内ツナ缶業界のリーダーの座を目指した。この①に該当する時期を経て，②で多国籍化路線に着手し，③でその本格期へと移行していく。このような TUG の動きは，「バンドリング・モデル」が想定する「国内→海外」という流れを体現している。

TUG の母国であるタイが世界最大のツナ缶輸出国へ発展したのは，幾つかの要因が重なった結果である。まず，世界のツナ缶業界を牽引していた米大手水産品メーカーが1980年代に自国での賃金上昇や環境面の規制強化を受け生産拠点を海外へ移転させる中，低廉な労働力が豊富に存在する東南アジア諸国が受け皿として浮上した。なかでもタイは太平洋・インド洋双方の漁獲場への便利なアクセスを持つ地理的優位性，比較的発達した海運産業，水産品産業の振興に向けた政府の支援措置[13]を背景に，2000年代初頭に米国を抜いて世界最大のツナ缶生産国となった（Hamilton et al., 2011, pp.158-159）。タイのツナ缶業界は，低廉な労働力，地理的優位性，政策支援という，Hennart（2009, 2012, 2018）が「バンドリング・モデル」で指摘した「補完的現地資源（complementary local resources: CLRs）」へのアクセスに恵まれ，発展を遂げたのである。

その中で TUG が業界トップへ躍進したのは，1990年代を中心に進められた同社の積極的な戦略が奏功したためである。具体的には92年に日本の三菱商事，はごろもフーズと提携し，94年にタイ証券取引所に株式を上場した。さらに98年にソンクラ・カニング（Songkhla Canning），99年にタイ・ルアムシン・パタナ（Thai Ruamsin Pattana）と地元の同業者を相次いで買収し，生産能力，売上高，利益をいずれも約3割拡大させた（Asia Foundation & ILO, 2015, p.65）。

この結果，TUG はタイのツナ缶生産量の約35％を握るトップ企業へ浮上し（同，p53），国内最大の OEM 製造・輸出業者にもなった（Pananond, 2016, p.298）。1990年代には缶詰の自社ブランドである「Sealect」や「Fisho」を国内市場に投入した。前者は現在に至るまでタイのツナ缶市場で首位の座を守り続けている[14]。このように TUG は「国際化の初期段階

（1997-2009）」を迎える頃には国内で盤石な体制を構築し，その後の「グローバル展開期」に向けた資金力や技術力，さらに海外取引ネットワークを蓄積していった。

2）非伝統的FSAs

TUGが持つと考えられる非伝統的FSAsは，第4章の**図表4-5**に示したように，まず①の「製品・生産プロセス・サービスの刷新・差別化能力」である。この非伝統的FSAsは「低コストで生産・サービスを手掛ける能力」，「市場のニーズに製品・サービス等を適合させる能力」，「後発優位性の発揮」の3つで構成されるものである（**図表4-4**）。

このうち「低コストで生産・サービスを手掛ける能力」では，地元の低廉な労働力，タイ近海で採れる豊富な水産資源という恵まれた条件の下，TUGは原材料を有効活用しながら生産コストを圧縮する独自のノウハウを蓄積し，たとえば魚やエビの主要部位は高級品向け，残りはペットフードなど他の用途に使うなど作業工程で優れた工夫を施した（Meyer & Thaijongrakm, 2013, p.1146）。

「市場のニーズに製品・サービス等を適合させる能力」は，海外取引先の要望にきめ細かく対応しながら製品を供給するというもので，TUGは先進国への輸出拡大を図るため，品質向上に加え，従業員の労働環境改善や自然環境保全などさまざまな問題に対処するノウハウを磨いてきた（Asia Foundation & ILO, 2015, p.64）。さらに，「後発優位性の発揮」では，日本をはじめ先進国から最新技術を積極的に吸収し，安定した品質の製品供給を続ける体制を整えたことが挙げられる[15]。

TUGが備えるこれらの非伝統的FSAsは，同社がタイ最大のツナ缶OEM業者として発展する過程で育まれてきた。国内競争を勝ち抜き，盤石な体制を構築する中で会得した能力であり，TUGが今後も国際競争力に優れるOEM業者として存続するために不可欠なものと言える。

一方，TUGが2010年代の「グローバル展開期」に鮮明にした動きという

のは，AMNEs で多く観察される「国境を越えた業界再編関与型」に該当する国際化戦略である。「中小業種」が舞台ではあるものの M&A を軸に世界のトップ企業へと飛躍した姿は，BRICs 大企業による「グローバル規模の業界再編主導型」（Ramamurti, 2009; Ramamurti & Singh, 2009）を想起させるものとも言える。TUG にはこのような戦略を可能とさせる別の非伝統的 FSAs も備わっていたと考えられる。

　それは，**図表4-4**の③「対外ネットワークの活用」とみられる。この「ネットワーク」には「在外同郷人との結びつき」や「同一宗教の共有」も含み得るが，TUG の場合は「先進国企業との取引ネットワーク」が重要であった。TUG の M&A 戦略に関し，ティラポン CEO は「買収先の幹部とは長い知り合いだ。彼らはしばしば当社の顧客でもあった」[16]と述べ，買収先企業と取引関係を持つことが多かったとしている。また，Napathorn（2014）は「TUG は取引関係のない会社を買収したことはない」（p.74）と先進国企業とのネットワークが M&A を行う際の強みになっていたとの見方を示す。

　たとえば，海外初の投資案件として買収した米チキン社はもともと TUG の取引先で，TUG はチキン社の経営動向に精通していた（Napathorn, 2014, p.74）。2010年に買収した仏 MW ブランズは，米食品大手 HJ ハインツが06年に欧州の水産食品部門を投資ファンドに売却した際に発足した企業であった。TUG のティラポン CEO は，1995年の CEO 就任前からネスレやユニリーバ，三菱商事など海外主要取引先との交渉役を担っていた。HJ ハインツは取引先の1つで，同氏は後に MW ブランズとなる HJ ハインツの水産食品部門と関わりがあった[17]。さらに TUG が16年に資本参加し，20年に完全子会社化とした米レッド・ロブスター・シーフードは，TUG が03年に買収した現地水産品会社の取引先であった（Asia Foundation & ILO, 2015, p.65）。

　このように TUG は，「国内での強さ」を構築するプロセスで蓄積した先進国企業との販売・人的ネットワークという非伝統的 FSAs をフルに活用しながら M&A を推進し，有力グローバル・プレーヤーへ躍進した。「国内で

の強さ」を背景に資金力の増強等を進めるとともに、非伝統的 FSAs の中でも「対外ネットワークの活用」という固有の強さを発揮し、グローバル展開を加速させたと考えられる。TUG の事例で強調すべき点は、この非伝統的FSAs の存在である。

6. おわりに

本章では「グローバル型」AMNEs である TUG の事例から、「中小業種に属する AMNEs は、グローバル展開を指向する」(仮説①)、「『グローバル型』の競争優位は、『国内での強さ＋非伝統的 FSAs』で主に説明できる」(仮説③) という、2つの仮説を考察した。その結果、仮説①の「中小業種→グローバル展開」という流れが生じる要因・背景では、ツナ缶業界（水産品缶詰業界）は巨大グローバル企業の影が薄い中小業種であり、海外 M&Aのコストも相対的に安いため、TUG のような "小振り" の企業でもグローバル型の戦略が遂行し得ることがわかった。一方、仮説③については、2010年代に国際化を加速させる以前に TUG は地元ツナ缶業界で支配的な地位、すなわち「国内での強さ」を得ていたことが確認された。同社はその過程で「低コストで生産・サービスを手掛ける能力」という非伝統的 FSAs を磨いたが、同時に「先進国企業との取引ネットワーク」という別の非伝統的FSAs も獲得した。その結果、M&A を軸とする同社の国際化戦略は後に大きく進展した。本章で分析した TUG の国際化戦略と競争優位の構図は**図表5-6**のようにまとめられる。

図表5-6 TUGの国際化戦略と競争優位

国際化戦略

◎ 中小業種・グローバル型。

◎ 欧米市場を中心にM&Aを積極展開。世界1位のツナ缶メーカーに。

競争優位

【非伝統的FSAs】

◎ 製品・生産プロセス・サービスの刷新・差別化能力。

　・低コストで生産・サービスを手掛ける能力。

　・市場のニーズに製品・サービス等を適合させる能力。

　・後発優位性の発揮。

◎ 対外ネットワークの活用

　・先進国企業との取引ネットワーク。

【自国での強固な経営基盤】

◎ 同業他社の買収などでトップ企業へ躍進。自社ブランドのツナ缶の市場シェアは1990年代から1位を維持。国内市場で支配的な地位を確立し、資金力・技術力を増強。

出所：筆者作成。

注

1）Asia Foundation & ILO（2015），p.53。

2）三菱商事は2020年末時点でTUGの第3位の株主（株主保有比率約7.3％）。

3）2022年6月1日時点の為替レートで計算。

4）正確には5,012億ドル未満である。

5）ツナ缶から範囲を広げ，イワシ，エビ，小エビ，サーモンなどを含む水産品の缶詰全体でも世界市場規模（2016年）は約215億ドル（Grand View Research）であり，やはり「中小業界」に該当する。本章ではTUGの主要商品であるツナ缶の市場規模を基に議論を進めるが，これを水産品缶詰に置き換えても影響はない。

6）第3章で述べた通り，「アジア比率」が高くても，欧米で積極的に買収を行うなど定性情報を加味し，最終的に「グローバル型」に分類された企業もある。

7）「グローバル型」か否かの判断は，他の AMNEs と同様，2019年度決算の数字に基づく（第3章参照）。TUG の場合，海外売上高と海外子会社のアジア比率は入手可能であるが，海外資産額と海外従業員の同比率は不明である。

8）2013年2月15日付の日本経済新聞。

9）キング・オスカー社の概要は，2014年9月29日付の週刊タイ経済に基づく。

10）2016年3月4日付 NNA によると，買収当時の年間売上高は円換算で200億円弱であった。

11）第3章の3節1）参照。

12）Pananond（2012）では TUG の前身企業タイ・ユニオン・マニュファクチャリングの設立年を1973年としているが，TUG のホームページ（https://www.thaiunion.com/en/about/company/company-history，2022年3月17日アクセス）によると1977年である。ここでは後者を設立年としている。

13）政府の支援措置については，タイ政府が第6次経済開発計画（1986-91年）でアグロインダストリーの輸出振興を目指す「NAIC（Newly Agro-Industrializing Country）型工業化戦略」を掲げる中で，焼き鳥や養殖エビなどとともにツナ缶の生産・輸出拡大を奨励したという経緯がある（国際協力機構，2008，p.41）。

14）TUG の2020年度年次報告書によると，「SEALECT」ブランドのツナ缶の国内シェアは54.4％である。

15）2018年5月23日付の NNA。

16）IMD（2016）p.14.

17）2011年10月26日付の Forbes。
https://www.forbes.com/global/2011/1107/companies-people-thailand-thiraphong-chansiri-thai-union-frozen-tuna-cunningham.html?sh=2 d491e762a 4 c （2022年3月22日アクセス）

第6章[1]

インターナショナル・コンテナ・ターミナル・サービシズ（ICTSI）

―「グローバル型」の事例研究②―

1．はじめに

　本章では前章に続きグローバル型 AMNEs を分析対象とし，フィリピン
の港湾運営企業，インターナショナル・コンテナ・ターミナル・サービシズ
（ICTSI）を取り上げる。同社はフィリピンから世界へ羽ばたき，当該業界
で世界のトップ10入りを果たした企業で，前章のタイ・ユニオン・グループ
と同様，グローバル型 AMNEs の代表的存在である。本章の狙いは，ICTSI
の事例を通じ，「中小業種に属する AMNEs は，グローバル展開を指向す
る」（仮説①），「競争優位は，『国内での強さ＋非伝統的 FSAs』で主に説明
される」（仮説③）という，グローバル型 AMNEs の2つの仮説に関する考
察を深めることである。前者については中小業種→グローバル展開という構
図の背景，後者については非伝統的 FSAs がグローバル型の戦略にどのよう
に寄与したかを主に探りたい。以下，第2節で ICTSI の概要に触れ，第3
節で同社の国際化の経緯を説明する。続く第4節で仮説①，第5節で仮説③
についてそれぞれ考察し，第6節で締めくくる。

2．ICTSI の概要

　ICTSI は，エンリケ・ラゾン現会長兼社長の父親が1987年に創業した企業
である。同氏の祖父はスペインからフィリピンに移住し，マニラ湾で戦前か
ら荷役作業を手掛けていたが，後を継いだ父親が戦後に事業を拡大した。同
社を創業したのは，政府が当時進めていたマニラ湾の民営化プロジェクトに
参加するためで，同社は1998年の公開入札で同湾の国際コンテナターミナル
を25年間にわたり管理・運営する権利を落札した。これにより同社は国内最
大の港湾に強力な足場を築き，発展への道筋を確かなものにした。

　ICTSI の2020年の売上高は前年比2％増の約15億550万ドル，EBITDA
（利払い・税引き・償却前利益）は同6％増の約8億7,700万ドルと新型コロ

図表 6 - 1　ICTSI の海外進出先（2020年末）

地域	国名
アジア・オセアニア（5）	インドネシア，パキスタン，パプア・ニューギニア，オーストラリア，中国
中東・アフリカ（4）	マダガスカル，コンゴ民主共和国，イラク，カメルーン
欧州（3）	クロアチア，ポーランド，ジョージア
中南米（6）	メキシコ，ホンジュラス，ブラジル，コロンビア，エクアドル，アルゼンチン

注：括弧内の数字は国数。
資料：ICTSI 年次報告書より筆者作成。

ナウィルス感染拡大の影響でやや伸び悩んだものの，その10年前に比べ前者は2.9倍，後者は3.5倍にそれぞれ増えた。ICTSI は地元フィリピンにマニラ湾を含む国内10カ所に拠点を持つ業界最大手で，同湾を出入りするコンテナの約65％を取り扱う[2]。その一方で海外事業にも積極的で，2020年末時点でアジア，中東・アフリカ，中南米など18カ国に進出している（**図表6 - 1**）。同年の地域別売上高比率は，地元フィリピンを含む「アジア」が50％，中南米を中心とする「米州」が30％，中東・アフリカと欧州を合わせた「EMNEA」が20％で，経営のグローバル化が進んでいる（**図表6 - 2**）。

ICTSI のように世界各地で港湾運営を手掛ける企業は「グローバル・ターミナル・オペレーター（GTO）」と呼ばれる。英海運調査会社ドゥルーリーによると，2019年の世界のコンテナ取扱量に占める ICTSI のシェアは1.3％と 8 位であった（**図表6 - 3**）。首位の PSA インターナショナル（シンガポール，同7.5％）， 2 位の中国海運大手，中国遠洋海運集団（コスコ・グループ）傘下の中遠海運港口（同6.1％）， 3 位の APM ターミナルズ（オランダ，同5.8％）などとの差は開いているが，ICTSI は世界の上位10社の一角を占める有力 GTO である。

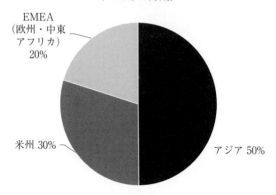

図表6-2　ICTSIの地域別売上高比率
（2020年12月期）

EMEA
（欧州・中東
アフリカ）
20%

米州 30%

アジア 50%

注：アジアはフィリピンを含む。
出所：同社年次報告書より筆者作成。

図表6-3　コンテナ取扱量，世界の上位10社（2019年）

順位	社名	本社所在地	取扱量（百万 TEU）	シェア
1	PSA インターナショナル	シンガポール	60.4	7.5%
2	中遠海運港口	中国	47.1	5.8%
3	APM ターミナルズ	オランダ	46.2	5.7%
4	ハチソン・ポート・ホールディングス	香港	45.5	5.6%
5	DP ワールド	UAE（ドバイ）	44.7	5.6%
6	招商局港口	中国	31.8	3.9%
7	TIL	スイス	28.8	3.6%
8	ICTSI	フィリピン	10.1	1.3%
9	CMA CGM	フランス	8.3	1.0%
9	SSA Marine	米国	8.3	1.0%

注：取扱量は運営する港湾ターミナルの出資分を勘案して調整。ハチソン・ポートはバージン諸島で設立されているが，事実上の本社は香港にある。
出所：Drewry Shipping Consultants。

3．国際化の経緯

　ICTSI の海外展開は，創業後間もない1990年代から始まった。92年の株式上場を経て，94年に初の海外事業としてアルゼンチンで港湾運営に着手し，翌95年から2001年の間にメキシコ，サウジアラビア，パキスタン，タイ，タンザニアなどへ相次いで進出した。80年代後半以降，公共サービス民営化の国際的な流れと相まって世界の主要コンテナ港湾の民営化が進む中[3]，シンガポールの PSA や香港のハチソン・ワンポア[4]など有力企業が海外での契約獲得を狙って国際化を加速させた。その中でマニラ湾という牙城を地元に持つ ICTSI もまた，海外市場を巡る争奪戦に加わったのである。

　だが，1997年に発生したアジア通貨危機の影響で ICTSI の国際化路線は頓挫した。海外事業に投入した多額の資金をドル建てて借り入れていたため，自国通貨ペソの急落により債務負担が膨張し，経営悪化に陥ったのである。これにより ICTSI は事業の再構築（リストラクチャリング）を迫られ，01年にアルゼンチン，メキシコ，タイ，サウジアラビアなど海外6カ国での事業をライバルであった香港ハチソン・ワンポアに売却した。この結果，ICTSI の手元に残されたのは，地元フィリピンと海外では唯一ブラジルの事業のみであった。

　海外部門の大幅縮小を余儀なくされた ICTSI が国際化に改めて本腰を入れたのは2000年代半ば以降のことである（**図表 6 - 4**）。失地回復を目指し，05年インドネシアとマダガスカル，06年日本[5]，07年エクアドル，コロンビア，ジョージア，08年アルゼンチン，09年メキシコなどへ次々と参入した。その勢いは2010年代に入っても続き，11年クロアチア，13年パキスタン，ホンジュラス，17年パプア・ニューギニアなどへ参入した。ICTSI ではこれらの国々に進出する際には現地子会社を設立し，自らの主導権の下で経営を展開していった。その結果，海外事業売却後の2002年に世界22位（コンテナ取扱量シェア）にまで落ち込んでいた ICTSI の順位は，国際化の進展

図表6-4　ICTSIが海外各国に進出した年

2001年	海外6カ国で運営していた港湾ターミナルをハチソン・ワンポアに売却。
	ブラジル
2003年	ポーランド
2005年	インドネシア，マダガスカル
2006年	日本（沖縄県）※
2007年	中国（山東省），エクアドル，コロンビア，ジョージア，シリア※
2008年	アルゼンチン
2009年	メキシコ，ブルネイ※
2010年	米国（オレゴン州）※
2011年	クロアチア
2013年	パキスタン，ナイジェリア※，ホンジュラス
2014年	オーストラリア，イラク，コンゴ民主共和国
2017年	パプア・ニューギニア
2019年	スーダン※
2020年	カメルーン

注：※は既に撤退。
　　カメルーンは図表6-1の海外進出先に含まれていない。
出所：ICTSIの各年年次報告書より筆者作成。

につれ上昇し，トップ10圏内に食い込むところまで躍進を遂げたのである。

4．仮説①に関する考察

　本節ではICTSIの事例から「中小業種に属するAMNEsは，グローバル展開を指向する」という仮説①について考察する。まず，同社が「中小業種に属する」というのは，港湾運営業界の世界市場規模（387億ドル）が本研究において「大業種」と「中小業種」を隔てる閾値とみなす約5,000億ドル

を下回ることを意味する[6]。さらに同社の国際化戦略が「グローバル型」
と判定されるのは，「グローバル型」か「リージョナル型」かの判断基準で
ある海外売上高などの「アジア比率」が低いためである[7]。同社の場合，
特に海外子会社がアジア以外の地域に数多く分布していることが大きな特徴
となっている（**図表6-5**）。

　AMNEs が広く共有する「後発」「中小規模」という 2 つの特徴は ICTSI
にも当てはまる。既述の通り，前者は1990年代に進めた国際化がアジア通貨
危機の影響で大幅な後退を迫られ，2000年代後半に改めて本格始動したこと
を意味する。海外有力各社の動きを見ると，シンガポールの PSA は1996年
の中国進出を皮切りにアジア，欧州を中心に相次いで海外拠点を拡大した。
香港のハチソンも91年の英国進出を手始めに，アジア，欧州などで国際化に
拍車を掛けた。さらにアジア首長国連邦（UAE）の DP ワールド[8]も99年
にまずサウジアラビアに進出し，その後アフリカやアジア，欧州などへ拠点
を広げた。このように ICTSI が国際化を再開した2000年代後半は，海外有
力各社がすでに海外拠点づくりをかなり進めていた時期であった。しかも，

図表6-5　ICTSI の子会社数（国・地域別）2019年末

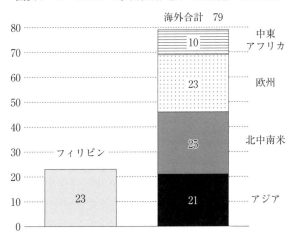

資料：ICTSI 年次報告書より筆者作成。

これらの企業に比べICTSIの規模は小さかった。同社が海外事業を再び活発化し始めた05年時点で比べると，PSAの売上高はICTSIの約11倍，ハチソンは同約18倍の規模と，差は歴然としていた[9]。

　こうしたなかICTSIが採用したのが，中小規模の市場を主なターゲットに据えるという戦略であった。実際，同社の進出先18カ国のコンテナ取扱量[10]（2019年）の世界ランキングは平均59位（**図表6-6**）と，PSA（17カ国，同19位）やハチソン（25カ国，同29位）の進出先に比べると順位が低い。ICTSIの進出先にはマダガスカル（104位），コンゴ民主共和国（143位）と100位以下の国々も含まれる。

　PSAの進出先は18カ国中11カ国，ハチソンは25カ国中13カ国が高所得国なのに対し，ICTSIは18カ国中，2カ国にとどまる（**図表6-6**）。ICTSIの進出先の大半は中所得国以下であり，マダガスカルやコンゴに至っては世界に27カ国しかない低所得国に分類される国々である[11]。このようにICTSIは市場が中小規模で，かつ，所得水準も相対的に低い国々に数多く進出していることがわかる。

　その戦略には「後発」の制約を克服する狙いがあり，ICTSIは海外進出に際し，強力な競合相手であるPSAやハチソンにとって優先度が低い中小国を重視したと考えられる[12]。実際，ICTSIの進出先18カ国のうち10カ国（ホンジュラス，プエルトリコ，ブラジル，コロンビア，エクアドル，マダガスカル，コンゴ民主共和国，ジョージア，クロアチア，パプア・ニューギニア）は，PSAもハチソンも今なお参入していない国々である。

　ICTSIの戦略は，同社が小規模なことにも関係がある。売上高が業界上位を大きく下回るため資金力は相対的に劣る。PSAやDPワールドが政府系，ハチソンが巨大財閥系なのに対し，ICTSIは独立系であることも，強力な後ろ盾を持たないため不利である。このためICTSIは中小国主体の路線を歩み，投資コストを抑えた。国際化を再加速させた2000年代後半（06-09年）の投資総額は約3億8,000万ドルで，同期間にPSAが約29億ドル，DPワールドが約19億ドル，ハチソンが約12億ドルだったの比べ少額であった[13]。

図表 6-6　ICTSI 進出先の市場規模，ビジネス環境

進出先	地域	年間コンテナ取扱量 （2019年）	世界 ランキング	Doing Business 順位	所得水準
中国	アジア	242,030,000	1	31	高位・ 中所得国
インドネシア	アジア	14,763,630	14	73	高位・ 中所得国
ブラジル	中南米	10,982,131	18	124	高位・ 中所得国
オーストラリア	オセアニア	8,282,189	24	14	高所得国
メキシコ	中南米	7,090,800	27	60	高位・ 中所得国
コロンビア	中南米	4,254,900	37	67	高位・ 中所得国
パキスタン	アジア	3,367,850	39	108	低位・ 中所得国
ポーランド	欧州	3,046,440	40	40	高所得国
エクアドル	中南米	2,096,300	46	129	高位・ 中所得国
アルゼンチン	中南米	1,998,822	47	126	高位・ 中所得国
イラク	中東	932,729	68	172	高位・ 中所得国
ホンジュラス	中南米	790,800	74	133	低位・ 中所得国
カメルーン	中東アフリカ	397,024	91	167	低位・ 中所得国
パプア・ニューギニア	アジア	338,300	95	120	低位・ 中所得国
クロアチア	欧州	331,300	96	51	高所得国
ジョージア	欧州	277,125	99	7	高位・ 中所得国
マダガスカル	アフリカ	199,713	104	161	低所得国
コンゴ民主共和国	アフリカ	42,211	143	183	低所得国
平均		16,734,570	59.1	98.1	

注：年間コンテナ取扱量の単位は TEU。ICTSI が運営に関わっていない港湾の分も含む
　　各国全体の数字。
　　Doing Business 順位は「ビジネスのしやすさ」を示すランキング。所得水準による分
　　類は，世界銀行の基準（2021年）に基づく。
出所：UNCTAD 統計，世界銀行「Doing Business 2000」の結果から筆者作成。

ICTSI は低コストの中小国に多く参入し，独自性を打ち出したのである。

「後発」「中小規模」の制約下にある ICTSI が，世界のトップ10へ飛躍したのは，港湾運営が中小規模の業種であることも大きい。同業界は中小規模であるがゆえに巨大企業の新規参入の動きが乏しく，上位企業の顔触れはほぼ固定されている[14]。その中で ICTSI は上位企業の進出先から抜け落ちた「エマージング市場へ他社に先駆け進出する」[15]（ラゾン会長）ことで，マイナー市場の雄を目指した。中小業種の中小市場に主な狙いを定めたため，海外展開時に投じられた資金はそれほど大きな規模ではなかった。こうして同社は世界の港湾運営業界で一定の存在感を放つ「グローバル型」企業へ発展することができた。

仮説①に関して，ICTSI の事例から言えることは，中小業種の港湾運営業界に身を置くがゆえに，国際化のコスト，新市場参入の両面でグローバル化のハードルが比較的低かったとみられることである。前章の TUG と同様，「中小業種」と「グローバル型」の双方が関連付けられていることがわかる。

5．仮説③に関する考察

本節ではグローバル型 AMNEs に関する仮説③「競争優位は，『国内での強さ＋非伝統的 FSAs』で主に説明される」について考察する。「国内での強さ」については，ICTSI の場合も自国で盤石な基盤を築いた後で海外事業を拡大するという「バンドリング・モデル」[16]が想定する流れに沿って国際化が進んでいるため，ここでは国内の強さが実際にどのように活かされたかが主要な分析項目となる（図表4-3）。一方，非伝統的 FSAs については，図表4-4にまとめられた非伝統的 FSAs のうち，ICTSI は①「製品・生産プロセス・サービスの刷新・差別化能力」，②「途上国特有の環境で事業を遂行する能力」，③「対外ネットワークの活用」をすべて持つが，特に①と②が顕著であると考えられる。本節ではこれらの非伝統的 FSAs が実際にどのように寄与したかを探り，グローバル型 AMNEs の国際化戦略における

非伝統的FSAsの役割について考える。

1）国内での強さ

　第2節で述べたように，ICTSIが国内で支配的地位を確立したのは，1988年に国内最大のマニラ湾国際コンテナターミナル（MICT）の管理・運営権を獲得したことが大きい。同権利は2013年に25年間の契約期間が終わり，さらに25年間の延長が認められた。この巨大権益により，ICTSIは創業以来，地元で盤石な基盤を維持してきた。2002年に香港ハチソンに海外事業の大半を売却した後も国内事業は一貫して業績を支え，2008年まで総売上高の5割超を稼ぎ出していた[17]。こうして国内で蓄積された資金力は2000年代後半以降に再加速した海外事業に投入され，ICTSIの国際化を後押しした[18]。

　Hennart（2009, 2012, 2018）の「バンドリング・モデル」によれば，新興国では土地，資源，市場，労働者，許認可などのCLRsに対する優先的，支配的アクセス権を地元企業が掌握することが多く，それら企業の中から多国籍企業へ発展する場合が出てくる。ICTSIの場合，国内最大規模のMICTの管理・運営権の「許認可」とそれを通じて獲得した「市場」という，2つのCLRsへのアクセスに恵まれた。その中で同社は資金力を増強し，「グローバル型」の国際化を加速させた。その礎となったMICT.の管理・運営権をICTSIが獲得した要因を分析することは本研究の範囲を超えるが，同社を率いるラゾン会長兼社長は1990年代のラモス政権以降，歴代大統領の大口献金者として知られている[19]。

　ICTSIが「国内での強さ」から得たのは資金力だけではない。非伝統的FSAsに結び付く経験・ノウハウも蓄積した。フィリピンでは1986年に起きた民主化革命で当時のマルコス独裁政権が打倒され，政治，経済，社会すべての面で混乱が続いた（**図表6-7**）。88年にMICTの運営・管理権を得たICTSIは，政変後の不透明，流動的な環境の中で「想像し得るすべての困難に直面した」[20]（ラゾン氏）ため，厳しい環境を生き抜く能力が磨かれたという。「国内での強さ」を確立する過程で得たこの能力は，後述する「途上

図表6−7　フィリピン国内の主な動きとICTSIの経営展開（主に1980−90年代）

	主な出来事
1986年	2月革命（民主化革命）でマルコス大統領が亡命，コラソン・アキノ大統領が就任。
1988年	**ICTSIがマニラ湾の国際コンテナターミナルの運営権獲得。**
1989年	ルソン島北部バギオで大地震。
	国軍反乱事件。
1991年	ピナトゥボ火山が噴火。
1992年	**ICTSIが株式上場。**
	ラモス大統領が就任。在比米軍の撤退が完了。
1997年	アジア通貨危機が発生。
1998年	エストラーダ大統領が就任。
2001年	**ICTSIが海外事業をハチソン・ワンポアに売却。**

資料：外務省「フィリピン基礎データ」などから筆者作成。

国特有の環境で事業を遂行する能力」という非伝統的FSAsを育む要因になったと考えられる。

　国内港湾運営業界のトップに位置し続けてきたICTSIは，最先端の技術・設備を海外から積極的に導入し，港湾設備の競争力の維持・向上にも努めた。フィリピンよりも技術的に先行する海外諸国から使えるものは貪欲に取り入れようとの姿勢である[21]。たとえば，2021年に米英の人工知能（AI）企業が共同開発した最新鋭の荷役管理システムをMICTに導入した。リアルタイムのデータを用いクレーンの動作を最適化し，コンテナヤードの混雑緩和など荷役作業を効率化させるものである。また，それに先立つ19年に日本の三井E&Sグループから環境に配慮した低燃費型のゴムタイヤ式ガントリークレーンを導入している。ICTSIはその際，「わが社は最新の港湾設備導入と，生産性を高めつつ炭素排出量を減らす技術の導入で常に最先端を行く」（クリスチャン・ゴンザレス上級副社長）[22]と意気込みを見せた。MIST

の運営を始めて以来，国内で圧倒的な強さを保持してきた ICTSI は，技術・設備面で競争力維持に力を注いできた。この姿勢は，非伝統的 FSAs の1つで，海外展開の際にも強みとなる「生産・生産プロセス・サービスの刷新・差別化能力」に結び付いたと考えられる。

2）非伝統的 FSAs

途上国での事業遂行能力

　ICTSI が持つ顕著な非伝統的 FSAs の1つは，**図表4-4**の中の②「途上国特有の環境で事業を遂行する能力」と考えられる。この能力には「途上国市場の顧客に対する深い理解」，「脆弱な制度・インフラの下での事業ノウハウ」，「政治的なリスクへの対処能力」の3つが含まれる。前節で述べたように ICTSI の進出先は中小規模の市場，比較的低所得の国々が多く，投資環境に問題がある国も少なくない。世界銀行の投資環境調査「Doing Business 2020」によると，ICTSI の進出先（18カ国）の「ビジネスのしやすさ（ease of doing business）」ランキング（世界190カ国が対象）は平均106位で，同業界上位の PSA（17カ国，同48位），ハチソン（25カ国，同63位）の進出先に比べ，順位は低い。ICTSI はマダガスカル（161位），イラク（172位），コンゴ民主共和国（183位）など，順位がかなり低い国々にも進出している（**図表6-6**）。これらの国々は一般に投資リスクが高く，外資が敬遠しがちであるが，ICTSI のラゾン会長兼社長「当社はどのような環境でも適応できる」[23]と自信を示している。

　その適応能力が実際に発揮されたことは，たとえば2014年に進出したコンゴ民主共和国で ICTSI の港湾施設が最も成功したインフラ・プロジェクトとして現地政府から表彰され，ICTSI が同国で強固な経営基盤を築いた「最初の多国籍企業になった」[24]ことからうかがえよう。ICTSI が現地で運営する「マタディ・ゲートウエイ・ターミナル」は大西洋から約150km 内陸に入ったコンゴ川沿いに位置し，その上流にある首都キンシャサへの物流拠点として重要なインフラである。前掲の世銀調査で事業環境がかなり劣るとさ

れる同国で，同社は現地政府と緊密に連携しながら工事，設備納入，従業員採用などを進め，事業を軌道に乗せた。また，コンゴより1年早い13年に進出したエクアドル（世銀調査で129位）で運営中の港湾施設は最長305mのメガコンテナ船を同時に2隻収容できる同国初の施設で，ICTSIの海外事業で「最も成功した事例の1つ」[25]（ラゾン氏）とされる。同氏はその理由として政府，港湾関係者，従業員との「調和のとれた関係」を挙げ，現地の環境にうまく適応できたことを強調している。

　エマージング市場を標的とする戦略が常に成功するわけではない。たとえばシリア政府と2003年，同国西部タルトゥースで港湾ターミナルを運営・管理する10年間の契約を結び，07年10月から事業を始めたが，同国が内戦状態に陥ったため事業継続が困難になり，13年に撤退した。ナイジェリアでは12年に西南部レッキでの港湾開発・運営契約を結んだものの17年に解除した。事業発注元の現地企業との間で資金トラブルが生じたためである[26]。また，19年1月にスーダン政府と港湾施設の開発，運営に関する契約を締結したが，外国企業への運営権譲渡に抗議する大規模ストライキが発生したうえ，同年4月の軍事クーデターで政権が崩壊したため契約は破棄された。同社が進めてきた戦略は，失敗のリスクの高さと隣り合わせでもある。

最新技術の早期導入

　ICTSIが持つ非伝統的FSAsとしてもう1つ顕著と思われるのは，**図表4-4の①「製品・生産プロセス・サービスの刷新・差別化能力」**である。この能力を構成する3項目[27]のうち，ICTSIが特に強さを有するのは「市場ニーズに製品・サービス等を適合させる能力」と「後発優位性の発揮（最新の技術・ノウハウの早期採用）」と考えられる。既述の通り，同社は地元フィリピンで市場ニーズに合わせて最新の機器・システムを積極的に導入し，競争力強化に努めてきた。この展開能力を活かし，海外進出先でも現地の実情に合わせ船荷の積み下ろしを行うガントリークレーンやターミナル内で船舶・トラックなどを誘導する管理システム等の能力向上を図り，港湾の

生産性を高めて実績を残し，海外市場の更なる開拓へ結び付けてきた。

　ICTSI が海外で運営している港湾は，政府系組織・企業の下で非効率な状態にあったものが多いが，最新機器・システムを迅速に導入すれば「短期間で大幅に（運営を）改善できる」[28]とラゾン氏は言う。たとえば2005年にアフリカ・マダガスカルで取得した旧国営港湾ターミナルでは独ゴッドワルド社製の可動式港湾用クレーン，ベルギーのノエル・レッジアネ社製の 4 輪式ガントリークレーン，米ナビス・スパルクス社の港湾管理システムを導入し，近代化を一気に進めた[29]。この結果， 1 時間当たりのコンテナ取扱量は 5 − 6 個から40個へ増え，船舶の待機時間も平均96時間がゼロになるという著しい効果を上げた[30]。

　また，オーストラリア・メルボルン港では2017年，世界で初めて現場の作業を完全に無人化した「ビクトリア・インターナショナル・コンテナターミナル」を稼働した[31]。投資金額は 4 億5000万米ドルで，その大半は欧州製のスタッククレーンやストラドルキャリアなどの荷役用機器，ターミナル全体の管理システムの購入等に充てられた。このプロジェクトでは ICTSI のマニラ拠点から現場の作業を遠隔操作する業界初の試みも行われた[32]。ICTSI は最新の機器・システムを自ら開発せず，外部企業から積極的に調達しており，「後発優位性の発揮」が最大限に活かされている。

6．おわりに

　本章では前章に続いて「グローバル型」AMNEs に着目し，その代表的な存在である ICTSI の事例から「中小業種に属する AMNEs は，グローバル展開を指向する」（仮説①），「『グローバル型』の競争優位は，『国内での強さ＋非伝統的 FSAs』で主に説明される」（仮説③）という， 2 つの仮説について考察した。その結果，前者に関しては，中小規模の港湾運営業界においては国際化のコストや新市場参入の難易度の両面において，「中小・後発」の ICTSI でもグローバル型の戦略を進め得る状況にあったことを確認

した。一方，後者に関しては，ICTSI が地元で支配的地位を確立したことで
得た資金力，さらにその過程で育まれた非伝統的 FSAs，具体的には「途上
国特有の環境で事業を遂行する能力」および「製品・生産プロセス・サービ
スの刷新・差別化能力」が，同社のグローバル型の国際化戦略にいかに寄与
したかがわかった。以上の分析結果に基づくと，同社の国際化戦略および競
争優位は**図表6-8**のように整理されよう。

図表6-8　ICTSI の国際化戦略と競争優位

国際化戦略

◎　中小業種・グローバル型。

◎　上位企業の存在感が薄いマイナー市場を重点的に開拓。

競争優位

【非伝統的FSAs】

◎　製品・生産プロセス・サービスの刷新・差別化能力。

　　・市場のニーズに製品・サービス等を適合させる能力。

　　・後発優位性の発揮。

◎　途上国特有の環境でビジネスを遂行する能力。

【自国での強固な経営基盤】

◎　地元フィリピンで最大のコンテナ港の運営・管理権を保有。

◎　国内で蓄積した資金力に加え，成長するプロセスで得た経験・ノウ
　　ハウも海外事業展開の礎に。

出所：筆者作成。

注

1 ）本章は，牛山（2021b）を大幅に加筆・修正したものである。

2 ）ScoutAsia（https://www.scout.asia/）のデータベースに基づく。2022年 5 月 8 日アクセス。

3 ）栗原（2014）p.4。

4 ）現在はハチソン・ポーツ・ホールディング（HPH）というグループ企業が港湾事業を手掛けている。

5 ）沖縄の那覇港国際コンテナターミナルの運営会社に 6 割出資したが，貨物の取り扱いが思うように伸びなかったため，2015年に株式を売却，撤退した。

6 ）詳細は，第 3 章 5 節の 3 ）を参照。

7 ）ICTSI の場合，海外売上高と海外子会社数の「アジア比率」が50％未満であることから「グローバル型」に該当するとみなした。同社の決算情報によると，前者の「アジア比率」は50％を超えるが，ここには地元フィリピンも含まれており，それを除くと同比率は50％を大きく下回ると判断した。

8 ）当時の社名は「ドバイ・ポーツ・インターナショナル」であった。

9 ）ハチソンの売上高は港湾部門のみ。当時の為替相場で換算すると，ICTSI の売上高は約 1 億9,523万米ドル，PSA は約21億2,945万米ドル，ハチソンは約34億2,637万米ドルであった。

10）ICTSI が運営する港湾だけでなく，その他の港湾も含む各国全体の取扱量。

11）「高所得」「高位・中所得国」「低位・中所得国」「低所得国」の区分は，世界銀行の2021年基準に依拠した。

12）2008年 5 月25日付の Financial Times。

13）Holman Fenwick Willan（2013），p.6。これらの金額は国内外の合計である。

14）2001-20年の世界シェア上位 5 社の顔触れを見ると，ほぼ一貫して PSA，ハチソン，DP ワールド，APM ターミナルズ（オランダ）の 4 社が入っている。

15）2011年 6 月22日付の米 Forbes 誌。

16）Hennart（2009, 2012, 2018）に基づく議論。詳細は，第 4 章 2 節の 1 ）参照。

17）2009年に海外売上高比率が55％に達し，国内売上高を初めて上回った。

18）2014年 7 月 3 日付の Nikkei Asia。

19）2014年 2 月14日付の日本経済新聞。

20）2008年 3 月25日付の Financial Times。

21）1994年 8 月14日付の Asian Business。

22）2019年 1 月18日付の NNA。

23）2015年10月16日付の日本経済新聞。

24）2019年11月15日付の Hellenic Shipping News。

25）2018年7月15日付の Maritime Logistics Professional。
http://ja.maritimeprofessional.com/news/ictsi-contecon-guayaquil%E3%80%81%E3%
83%A1%E3%82%AC%E8%88%B9%E3%81%AE%E6%89%BF%E8%AA%8D%E6%89
%BF%E8%AA%8D%E3%82%92%E5%8F%96%E5%BE%97-254298　（2021年9月23日
アクセス）

26）2017年5月26日付の日本経済新聞。

27）第4章の図表4-4参照。

28）2008年9月30日付の Wall Street Journal。

29）2007年7月9日付の NNA。

30）国際港湾協会日本会議（2013），p.40。

31）ICTSI 年次報告書（2017年版），p.20。

32）同上。

第7章

タイ・ビバレッジ
―「リージョナル型」の事例研究①―

1. はじめに

　本章および次章では，リージョナル型の AMNEs を取り上げる。リージョナル型については，第3章および第4章で「大業種に属する AMNEs は，リージョナル展開を指向する」（仮説②），「競争優位は，国内での強さ＋（ASEAN 企業が持つ）RSAs で主に説明される」（仮説④）という，2つの仮説を検証した。本章および次章の事例研究では，仮説②の「大業種→リージョナル展開」という流れの背後に何があるのか，また，仮説④ではとりわけ「RSAs」とは具体的にいかなるもので，「リージョナル展開」にどのように活かされているのかを主に探る。本章で分析するのは，まずタイの大手ビールメーカー，タイ・ビバレッジである。以下，第2節で同社の概要を確認し，第3節でその国際化の推移をみる。続く第4節で仮説③，第5節で仮説④についてそれぞれ検討し，第6節でまとめる。

2. タイ・ビバレッジの概要

　タイ・ビバレッジ（以下，タイビバ）は，中国・広東省汕頭からタイへ移住した華僑の家で育ち，一大で巨額の富を築いたチャロン・シリワダナパクディ氏を総帥とするタイの巨大財閥，TCC グループの中核企業である。現在は同氏の3番目の子であるタパナ・シリワダナパクディ氏がタイビバの社長兼最高経営責任者（CEO）として陣頭指揮を執っている。

　タイビバが設立されたのは2003年であったが，その前身の企業は1995年から現在のタイビバの主力商品である「チャーン」ブランドのビールを発売していた。タイを代表する飲料品会社であるタイビバは，現社名の下で2003年に正式に発足し，地元タイで株式上場を目指した。だが，アルコール飲料を取り扱う企業の上場には仏教国タイで反対意見が強かったため，同社は地元での上昇を断念し，同じ ASEAN 加盟国のシンガポールで2006年に上場を

果たした。

　タイビバの2021年 9 月期の売上高は前の期に比べ約 5 ％減の約2,405億バーツ（約9,066億円[1]），EBITDA は同ほぼ横ばいの約466億バーツ（約1,705億円）であった。売上高はコロナ禍の影響で過去最高を記録した2019年 9 月期（約2,693億バーツ）から 2 年連続で減少したが，過去10年間で約 2 倍の規模に拡大した（**図表 7 - 1**）。2021年 9 月期の海外売上高比率は約24％であった。同比率は2018年 9 月期にそれまでの 3 - 4 ％から20％台へ急上昇し，現在に至る（**図表 7 - 2**）。同比率が急伸したのは，2017年にベトナム最大のビールメーカー，サイゴンビール・アルコール飲料総公司（サベコ）を買収したことが主な理由である。

　タイビバの売上高の商品構成比（2021年 9 月期）を見ると，最大部門は全体の48％を占める蒸留酒[2]で，次いでビールの41％である。この 2 部門で全売上高の約 9 割を占める。同社はノンアルコール飲料や食品の販売にも力を入れているが，貢献度はまだ小さい。タイビバはタイ蒸留酒市場でシェア

図表 7 - 1　タイビバの業績推移

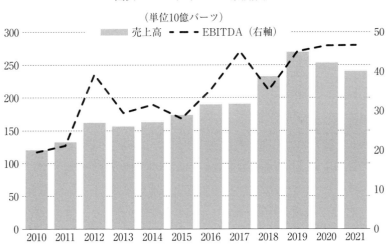

出所：各年年次報告書より筆者作成。

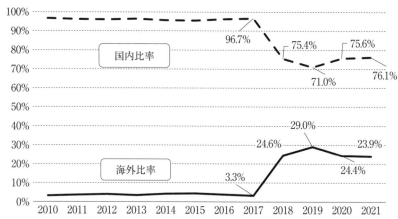

図表 7−2　売上高，国内外比率の推移

出所：各年年次報告書より筆者作成。

63.2％（金額ベース，2020年，以下同）を持つトップ企業で，シェアが10％未満の2位以下を大きく引き離している[3]。ビール市場でのシェアは34％に達しており，「シンハー」を販売する1位ブンロート・ブルワリー（58％）に次ぐ2位である。

3．国際化の経緯

タイビバの国際化が急進展したのは2012年である。この年，シンガポールの大手飲料品メーカー，フレーザー・アンド・ニーブ（F&N）の株式22％を取得し，翌13年に出資比率を28.6％へ引き上げた[4]（**図表 7−3**）。同時にタイビバが属する有力財閥，TCCグループの別の有力企業がF&N株を約60％取得し，F&Nは同グループの完全な傘下に入った。これを受け，タイビバとF&Nは相乗効果を狙って事業の一体化を進めた。F&N買収を巡っては日本のキリンホールディングスと組んだインドネシアの有力財閥リッポー・グループとの争いになったが，リッポーは撤退し，TCCの勝利で決

図表 7-3　タイビバの近隣諸国での主な動き

ミャンマー

タイ

ベトナム

・2017年，ウイスキーの最大手ブランド「グランドロイヤル」を製造販売する企業を買収。
・2018年，F&Nがビール製造・販売の合弁会社を設立。2019年から「チャーン」ビールの生産開始。

・2017年，ビール最大手サイゴンビール・アルコール飲料総公社（サベコ）を買収。

・2012〜13年に大手飲料品会社，フレイザー・アンド・ニーブ（F&N）に資本参加。

シンガポール

出所：筆者作成。

着した。買収金額は円換算で総額 1 兆円程度と東南アジアを舞台とする
M&A として過去最大規模となった。

　この M&A はシンガポールやマレーシアに強みを持つ F&N の清涼飲料や
乳製品部門をタイビバが事実上取り込んで非アルコール飲料部門の強化を図
るという戦略が色濃いものになった。だが，タイビバが当初目論んだのは
F&N が持つビール部門の獲得である。F&N は欧州の大手ビールメーカー，
ハイネケン（オランダ）と合弁で有力ブランド「タイガー」の生産・販売を
手掛けていた。タイビバが F&N に狙いを定めたのは，シンガポールの国民
的ブランド「タイガー」の存在に惹かれたためであるが，タイビバの接近を
受け F&N は合弁会社の持ち株をハイネケンに売却してしまった。タイビバ
は F&N に残された非アルコールの飲料品部門，さらに不動産部門も十分に
魅力的な事業であるとみて買収を進めたが，「タイガー」を系列下に置き，

ビール事業の国際化を推進するという当初の目算は狂ったのである。

その後，タイビバ傘下に入ったF&Nは2018年，ミャンマーで地元財閥シュエ・タン・ルウィンと合弁会社エメラルド・ブリワリー（F&Nが80％出資）を設立し，ビール製造・販売の認可を取得した。F&Nはもともと国軍系企業と合弁で地元のビール最大手，ミャンマー・ブリワリーを運営していたが，2015年にキリンホールディングスに全保有株を売却し，撤退していた。3年ぶりのミャンマー再進出となった新合弁事業では，最大都市ヤンゴン近郊に醸造所を作り，タイビバの主力ブランド「チャーン」の生産を始めた。タイビバは「チャーン」をタイから輸出していたが，現地生産に切り替えてコスト競争力を高め，販売拡大を狙った。ミャンマーでの事業経験を持つF&Nを活用し，現地市場を攻める姿勢を鮮明にしたのである5）。

一方，ベトナムでは2017年，大型M&Aに踏み切った。地元最大のビールメーカー，サベコの買収だ。同社はベトナム政府が過半数の株式を持つ国有企業であったが，政府方針に基づき株式売却の公開入札が行われ，タイビバはサベコ株約54％の購入権利を落札した。買収金額は約48億5,000万ドルである。サベコは地元市場でシェア約4割を握り，「サイゴン」や「333」など人気ブランドを持つ。ベトナムでは樽詰めビールを提供する「ビアホイ」と呼ばれる飲食店が多く，その大半がサベコなど国有ビール会社と契約している。地元タイでビール2位のタイビバは，サベコを傘下に収めた結果，有望市場ベトナムで業界首位に浮上した。前述のミャンマー現地生産と併せ，ASEAN域内の有力ビール会社として存在感を一気に高めた6）。2020年にはタイとベトナムのビール事業統括会社「ビアコ（BeerCo）」をシンガポールに設立しており，同社を現地株式市場に上場する計画もある。上場で得た資金は，ASEAN域内でのビール事業拡大に主に投入するとみられる7）。

タイビバはビール以外の事業でも国際化を進めている。F&N買収はシンガポール，マレーシアを中心とする非アルコール飲料部門の販売に加え，ベトナム乳製品市場への関与も拡大させた。F&Nが同国最大の乳製品メーカー，ベトナム・デイリー・プロダクツ（ビナミルク）の第2位の株主に

なっているためである[8]。さらにタイビバはミャンマーでビール市場進出に加え，2017年にはウイスキー市場で約6割のシェアを持つ「グランド・ロイヤル」を製造・販売する地元企業を約7億4,200万ドルで買収している。

4．仮説②に関する考察

本節では「大業種に属するAMNEsは，リージョナル展開を指向する」という仮説②について考察する。まずタイビバが国際化に力を注ぐビール業界の世界市場規模は6,810億ドル[9]で，「大業種」と「中小業種」の境目である約5,000億ドル[10]を上回る。したがって同業界は「大業種」とみなされる[11]。また，同社は海外売上高の約8割をベトナムで稼ぐほか，海外子会社も同国をはじめアジアに約8割が分布しており，リージョナル型AMNEsに分類される[12]（**図表7−4**）。

前節で見た通り，タイビバの国際化が進展したのは2010年代である。同社のホームページに記載されている海外関連の動きを追うと，2000年代は06年のシンガポールでの株式上場と09年の中国・雲南省の白酒（パイチュウ）

図表7−4　タイビバの海外子会社数（国・地域別内訳）2019年末

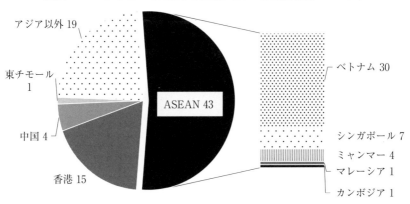

出所：年次報告書より筆者作成。

メーカー買収の2件であったが，2010年代に入るとF&Nとサベコの買収を含め5件に増えており，越境経営が拡大したことをうかがわせている[13]。

　タイビバの国際化が本格化した2010年代は，世界のビール業界にとってどのような時期だったのか。実は同業界ではM&Aによる業界再編・企業集中の動きがすでに2000年代から加速していたのである（坂本，2015，p.10）。

　たとえば，02年にサウス・アフリカン・ブリュワリーズ（SAB，英国）がミラー・ブリューイング（米国）を買収し，世界2位のSABミラーが発足した。また，04年にインターブリュ（ベルギー）がアンベブ（ブラジル）を買収し，世界最大のビール会社，インベブが誕生した（**図表7-5**）。この買収は世界3位が5位を飲み込んだもので，買収金額は92億ユーロ（約1兆2,000億円）と巨額であった[14]。さらに08年にインベブがアンハイザー・ブッシュ（米国）を買収して一段と巨大化し，社名をアンハイザー・ブッシュ・インベブ（ABインベブ）に変更した。

　業界再編の渦は2010年代に入っても収まらず，ABインベブは10年にメキシコ最大のグルポ・モデロ，14年に韓国のOBビール，16年に世界2位の英SABミラーを相次いで買収した。このようにタイビバが国際化を加速させ

図表7-5　ABインベブの歩み

2004年	インターブリュ（ベルギー）がアンベブ（ブラジル）を買収，インベブが発足。世界1位のビール会社に。
2008年	インベブ（ベルギー）が米アンハイザー・ブッシュを買収，合併。社名を「アンハイザー・ブッシュ・インベブ（ABインベブ）」に変更。
2010年	ABインベブがメキシコ最大のビール企業，グルポ・モデロを買収。
2011年	ABインベブが米国グースアイランド・ブリュワリーを買収。
2012年	ABインベブがメキシコのグルポ・モデロを完全子会社化。
2014年	ABインベブが韓国のOBビールを買収。
2016年	ABインベブが英国のSABミラー（世界2位）を買収。

出所：各種報道より筆者作成。

た2010年代は，海外の強豪プレーヤーが激しい陣取り合戦を展開し始めた2000年代から続く大競争の時代と言え，タイビバは合従連衡が進む世界のビール業界という大舞台では「後発組」と位置づけられる存在であった。

しかも，その世界のビール業界でタイビバは「中小規模」のプレーヤーであった。大型M&Aを繰り返して巨大化した世界最大手，ABインベブの世界市場シェア（2020年，売上高ベース）は約27％と，2位ハイネケン（オランダ）の2倍以上と圧倒的な規模である（**図表7-6**）。世界のビール市場はABインベブとハイネケンの上位2社で全体の約4割のシェアを占め，3位カールスバーグ（デンマーク），4位モルソン・クアーズ（米国），5位アサヒグループホールディングス（日本）が3-6％台で続く。世界12位のタイビバのシェアは1％に過ぎない。このように同社は「後発組」かつ「中小規模」であり，国際化を進めるうえで2つの制約を抱えていたと言ってよい。

この状況下でタイビバが取り組んだのが，近隣ASEAN諸国を中心とす

図表7-6　世界のビール業界，売上高シェア（2020年）

順位	社名	国籍	シェア（％）
1	ABインベブ	ベルギー	26.8
2	ハイネケン	オランダ	11.5
3	カールスバーグ	デンマーク	6.6
4	モルソン・クアーズ	米国	4.9
5	アサヒグループホールディングス	日本	3.5
6	華潤創業	中国	2.6
7	キリンホールディングス	日本	2.3
7	青島ビール	中国	2.3
9	コンステレーション・ブランズ	米国	2.2
10	ディアジオ	英国	1.3
12	**タイ・ビバレッジ**	**タイ**	**1.0**

出所：Euromonitor International より筆者作成。

る「リージョナル型」の戦略であった。前述の通り，世界のビール業界では
2000年代から弱肉強食の再編が本格化し，ABインベブのような突出した存
在のトップ企業が生まれ，タイビバを規模で上回る日本のメーカーでさえ世
界に確固たるポジションを築くのはもはや困難とされた（泉田，2017）。こ
うしたなか「後発組」，「中小規模」のタイビバが，世界の強豪が立ちはだか
る大規模なビール業界で「グローバル型」の戦略に真正面から取り組むのは
困難であった。このため，同社はベトナムなど近隣諸国に的を絞り，地の利
も活かせるリージョナル型の戦略を採用したと考えられる。つまり，大規模
なビール業界を取り巻く国際的な事業環境への対応を迫られたことも，「大
業種→リージョナル展開」という流れの背後にあったとみられる。

5．仮説④に関する考察

　本節ではリージョナル型 AMNEs に関する仮説④「競争優位は，『国内で
の強さ＋（ASEAN 企業が持つ）地域特殊的優位（RSAs)』で主に説明され
る」について検討する。「国内での強さ」はグローバル型の仮説③にも含ま
れる共通要素であるが，「RSAs」はリージョナル型の競争優位を構成する特
徴的な要素である。
　リージョナル型 AMNEs の事業展開先は，アジアの中でも ASEAN 域内
が目立つ。したがって，その背後には ASEAN 企業が持つ ASEAN 企業な
らではの強み，すなわち RSAs が存在すると本研究は考える。第４章の図表
4-7 では RSAs に該当するものとして，① ASEAN 経済統合で ASEAN 企
業が享受できるさまざまな優遇措置，② ASEAN 経済統合が進む中で
ASEAN 各国政府が推進する地元企業向けの支援措置，③ ASEAN 経済統
合に伴う商機獲得に向けた経営者の強い意欲，の３つを挙げた。本節ではま
ず，タイビバの「国内での強さ」を確認したうえで，同社が持つ RSAs の実
態を明らかにし，それが同社のリージョナル戦略にどのように役立ったかを
分析する。

1 ）「国内での強さ」

　第 4 章の**図表 4 - 3** に示される通り，タイビバは2010年代に海外事業を加速させる前に地元タイで経営基盤を確立した[15]。ビール部門では前身の企業が1989年に政府から製造認可を取得し，93年から生産を始めた。その後，95年にデンマークのカールスバーグとの合弁で主力ブランド「チャーン」の生産，販売に乗り出した。「チャーン」は98年に国内ビール市場でシェア54％を獲得し，ライバルの「シンハー」を追い抜き，1 位のブランドとなった。翌99年，カールスバーグとの合弁事業が単独運営に移行したのに伴い，タイビバは大規模な新工場の建設に着手し，2001年に稼働させた。一連の動きを経て，同社は国内ビール市場における事業基盤を一段と固めていった。

　もう 1 つの主要部門である蒸留酒では，政府が1983年に実施した蒸留酒工場の建設・運営権を巡る公開入札で落札した。その後，90年に地元蒸留酒メーカーを買収するなど規模を拡大し，2000年に政府系の蒸留酒12工場を傘下に収め，支配的地位を確立した。このようにビール，蒸留酒の双方で経営体制を強化した後，アルコール飲料関連の系列企業58社を統合する形でタイビバは03年，正式に発足した。さらに06年のシンガポール株式上場を経て，2010年代からはM&Aを軸とする「リージョナル型」の戦略が加速した。

　タイビバの「国内→海外」という事業展開の流れは，Hennart（2009, 2012, 2018）が「バンドリング・モデル」で論じたEMNEsが多国籍企業へと発展する道筋と重なる。同モデルでは，新興国企業は「CLRs」への優先的アクセスを活かし，まず国内市場で盤石な基盤を築くとされる。それではタイビバの場合，どのようなCLRsに対する優先的アクセスを持っていたのだろうか。

　前述の通り，同社は国内事業の拡大プロセスで許認可の取得や政府系工場の買収を実現しており，「許認可」や「政府との関係」というCLRsへのアクセスで有利な立場にあったと考えられる[16]。同社が属する巨大財閥，TCCグループの総帥チャロン・シリワダナパクディ氏はタイで大きな影響力を持つ王族や軍と緊密な関係にある人物と言われる（Pathmand, 2008, pp.134-135)。トップの人的コネクションがCLRsへの有利なアクセスをもたらした可能性がある。

タイビバは「国内での強さ」を築く過程で，資金力，ノウハウ，人的資源を蓄積し，2010年代の本格的な国際化に備えた。たとえば，同社はタイで4,000台超の配達用トラックを保有し，小売店やスーパーなど全土に広がる約40万の販売先を網羅する効率的な配送システムを確立した。納入先の顧客に対しさまざまな販売支援サービスを直接手掛ける1,000超の営業チームも編成した[17]。このように大規模できめ細かな販売体制を構築した経験・ノウハウは海外でも活かされており，同社は地元タイのビジネスモデルを積極的に移植している[18]。

2）地域特殊的優位（RSAs）

政府の支援措置

「リージョナル型」であるタイビバの主要な進出先はベトナム，シンガポール，ミャンマーなどASEAN諸国である。ここではASEAN域内への進出で，同社の強みになったと考えられるRSAsの分析を試みる[19]。同社の場合，第4章の6節2）で示したように，「自国政府による支援措置」と「経営者の強い意欲」という，2つのRSAsを有していたと思われる。

このうち，前者を考察するうえで着目すべき出来事は，2017年のサベコ買収である（**図表7-7**）。第3節で触れた通り，このM&Aはベトナム最大のビール会社に対する総額約50億ドルに上る大型買収案件で，有望市場ベトナムに強固な足場を築いたという意味で，タイビバの「リージョナル戦略」を大きく前進させた。この事例の詳細な分析から浮かび上がるのは，買収の実現に際し，同社がベトナム政府から「特別待遇」を受けた可能性である。

ベトナム政府がサベコ株を売却したのは，国有企業の株式放出計画の一環であった。国有企業への外資の出資比率は上限49％と定められていたため，タイビバは49％までしか取得できないはずであった。ところが，同社はサベコ株54％を取得した。サベコ株の入札を巡っては，日本のキリンホールディ

図表 7-7　タイビバのサベコ買収の流れ

【2017年10月】

ベトナムに出資比率49％の現地法人「ベトナム・ベバレッジ」を設立。

【2017年12月】

同現地法人がベトナム政府から「ベトナム企業」と認められる。
これによりサベコ株の過半数取得が可能になり，サベコ株約54％を買収。

【2018年10月】

タイビバがサベコの全7人の取締役の過半(会長を含む)を押さえる。

【2019年1月】

タイビバがベトナム現地法人を増資するとともに，出資比率を
99.39％へ引き上げ。これによりサベコは名実ともに外資系企業に。

資料：各種新聞報道より筆者作成。

ングスやアサヒグループホールディングスも参加を検討したが，出資比率が
規制され経営の主導権を握りにくいため，応札を見送ったとも報じられてい
る[20]。こうしたなかタイビバがサベコの過半数の株式を取得したことは，
同社がベトナム政府から特別扱いを受けた印象を与えた。
　実際には，サベコの直接の買い手となったのは，タイビバのベトナム現地
法人である[21]。同法人に対するタイビバの出資比率が49％であったため，
同法人は「地元企業」とみなされ，外資規制の対象外に置かれたのである。
タイビバがこの現地法人を設立したのは，サベコ株公開入札の約2カ月前で
ある。入札を見据え，出資比率の制約を受けない「地元企業」を設立したの
は明白であった。サベコ買収から約1年後，タイビバは現地法人に対する出
資比率を99.39％へ引き上げ，子会社化した。これに伴いサベコは外資系企
業へ完全に衣替えした。サベコ株50％超を取得する狙いから，当初の出資比

率が意図的に49％に抑えられていたことを裏付ける展開であった。

　一連の動きで注目されるのは，ベトナム政府がタイビバ現地法人を，出資規制の対象外である「地元企業」と認定した点である。その背景にはタイ・ベトナムの政府間関係が緊密度を高めていたこともあったとみられる。

　タイ政府は2010年代に入り，地元企業の対外投資推進を主要目標に据え，特に近隣のCLMV（カンボジア，ラオス，ミャンマー，ベトナム）を投資先として重視した。ASEAN経済統合の本格化を受け，成長力に富むCLMVへの進出を促し，地元企業の商機獲得に結び付ける狙いがあった。そうした流れの中でタイとベトナムは2013年に「戦略的パートナーシップ」を宣言し，タイ側が地元企業の対ベトナム投資を促す一方，ベトナム側はその受け入れに積極的に応じる方針で一致した[22]。これを受けタイ企業の対ベトナム投資は急増し，大手財閥などの大型M&Aが相次ぐことになった[23]。こうしたなか浮上したのがタイビバのサベコ買収であり，タイ企業の受け入れに前向きなベトナム側が何らかの政治的な配慮をした可能性が高い[24]。タイビバにすれば，ベトナムとの関係強化を掲げる「自国政府による支援措置」を自社の強みにしたのに等しい。

経営者の強い意欲

　タイビバは別のRSAsも備えていた。地元ASEAN市場に対する「経営者の強い意欲」である。同社は2014年，ASEAN事業の拡大を最重要目標とする経営6カ年計画「ビジョン2020」を策定した。タパナ社長兼CEOの主導下でまとめられたこの計画は，経済統合が進むASEAN（タイを除く）で2020年までに総売上高の半分以上を稼ぐとの目標を明示した。同氏は「我々が手掛ける全商品で（ASEAN市場で）1位か2位になる」[25]と宣言し，ASEAN市場に経営資源を重点投入すると強調した。実際，同計画の発表前後から，タイビバはシンガポールのF&Nへの資本参加（2012-13年），ベトナムのサベコ買収（2017年），F&Nを介したミャンマーでの合弁事業開始（2018年），シンガポールでのビール部門統括会社設立（2020年）などに動い

た。トップが「ビジョン2020」実現へ大号令をかけ，全社一丸となって疾走する姿は，タイビバの「リージョナル戦略」を特徴づけるものであった。そこには同社が強みとしたRSAsの存在が感じられる。

　以上2つの事例は，タイビバがASEAN企業であるがゆえに活用できた強み，すなわちRSAsと言える。タイ政府が地元企業のASEAN進出支援に注力したのは，地理的な近接性に加え，自国もその一員であるASEANの経済統合が地元企業に大きな商機になると判断したためである。また，タイビバが「ビジョン2020」を打ち出したのは，ASEAN経済統合の進展に伴い，自社を域内で広く商機獲得を目指す「ASEAN企業」とみなす意識を経営トップが強め，自地域（home region）であるASEAN市場を重視する姿勢を明確に示したことを意味する。これらのRSAsは「リージョナル型」AMNEsであるタイビバの競争優位を構成する主要な要素となり，同社の越境経営の推進に実際に寄与することになったと考えられる。

6．おわりに

　本章では「リージョナル型」AMNEsであるタイビバの事例から，「大業種に属するAMNEsは，リージョナル展開を指向する」（仮説②），「競争優位は，『国内での強さ＋RSA』で主に説明される」（仮説④）という，2つの仮説について考察した。その結果，前者では，タイビバが属する大規模なビール業界は巨大グローバル企業が圧倒的な強さを誇るため，「後発組」「中小規模」の同社にとってASEANを中心とするリージョナル戦略が現実的な選択肢であることが示された。また，後者では，2010年代の国際化加速に先駆け，タイビバは国内で基盤を固め，経営力を蓄積していたこと，加えて「自国政府の支援措置」「経営者の強い意欲」というASEAN企業ならではの優位性（RSAs）を実際の強みにリージョナル展開を進めたことが明らかにされた。以上の結果に基づくと，タイビバの国際化戦略と競争優位は**図表7-8**のようにまとめられる。

図表7-8　タイビバの国際化戦略と競争優位

国際化戦略

◎　大業種・リージョナル型。

◎　ASEAN域内を中心にM&Aを展開。

競争優位

【地域特殊的優位（RSA）】

◎　ASEAN経済統合が進められる中でASEAN各国政府が進める
　　地元企業向けの支援措置。

◎　ASEAN経済統合に伴う商機獲得に向けた経営者の強い意欲。

【自国での強固な経営基盤】

◎　1998年に国内市場に「チャーン」ビールを投入。以後，有力プ
　　レーヤーとしての地位を一貫して保持。

◎　蒸留酒部門でも地元メーカー買収，蒸留酒工場の建設・運営権
　　の認可取得などで支配的地位を1990～2000年代に確立。

出所：筆者作成。

注
1）2022年6月1日の為替レート（1バーツ＝3.66円）で換算。
2）蒸留酒部門の主要ブランドには，「Ruang Khao」「Sang Som」「Mekhong」「Hong Thong」「Blend 25」などがある。
3）Euromonitor International のデータに基づく。
4）タイビバの F&N への出資比率（2021年12月末）は約28％である。
5）ミャンマーでは2021年2月のクーデターで軍事政権が復活し，投資環境が激変した。F&N では現地子会社エメラルド・ブリュワリーの経営状況について「環境の悪化にもかかわらず好調を維持した」（2021年度年次報告書）としている。
6）タイビバの年次報告書（2018年度）では，サベコ買収によりビール事業の売上高は約945億バーツ，純利益は約28億バーツへそれぞれ増え，タイビバは ASEAN ビール市場で最大規模の企業になったと説明している（p.13）。

7 ）ただし，2023年10月現在，ビアコの株式上場は実現していない。

8 ）2021年 6 月時点の出資比率は17.69％。筆頭株主は，ベトナムの国有企業株を管理する国家資本投資公社（SCIS）で36％である。

9 ）市場規模の出所等は，第 3 章の 5 節 2 ）参照。

10）正確には5,012億ドルである。

11）Euromonitor International によると，タイビバが手掛けるもう 1 つの主力部門である蒸留酒の世界市場規模は約5,770億ドルである（2019年）。

12）海外資産額および海外従業員の「アジア比率」は開示情報がなく計算不能である。

13）同社ホームページ（http://15years.thaibev.com/home/base.php　2022年 4 月23日アクセス）の情報に基づく。ただし，海外関連の全ての動きがホームページに記載されているわけではない。

14）坂本（2015）および2004年 3 月 4 日付の日本経済新聞に基づく。

15）タイビバの歴史に関しては，末廣・南原（1991）および同社ホームページ（http://15years.thaibev.com/home/base.php　2021年11月20日アクセス）の記述に依拠している。

16）CLRs に関する説明については，第 4 章の 2 節 1 ）参照。

17）同社ホームページ。https://www.thaibev.com/en08/aboutus.aspx?sublv 1 gID=134　2017年 7 月10日アクセス。

18）同上。

19）RSAs の説明については，第 4 章の 2 節 3 ）を参照。

20）2017年12月16日付の日本経済新聞。

21）ベトナム現地法人の社名は「ベトナム・ベバレッジ」である。

22）2017年 8 月19日付の Viet Nam News。

23）たとえば，セントラル・グループによる仏系大手スーパーのビッグ C 買収（2016年），TCC グループによる独系格安店チェーンのメトロ・キャッシュ・アンド・キャリー・ベトナム買収（同），ブンロート・ブルワリーによるベトナム食品大手マサン・グループ傘下の有力企業 2 社の買収（同）などが挙げられる。

24）ここでの記述は，2019年 8 月 5 日， 6 日にそれぞれハノイで行った地元の大学教授や大手経済研究所の幹部を対象とするヒアリングの内容に基づく。いずれも匿名を条件に前者は約45分，後者は約 1 時間のヒアリングに応じた。

25）2014年11月 3 日付の Bangkok Post。

第8章

CIMB グループ・ホールディングス

―「リージョナル型」の事例研究②―

1. はじめに

　本章では前章に続きリージョナル型 AMNEs に着目し，マレーシアの大手銀行，CIMB グループ・ホールディングスの事例を分析する。同社は同国の代表的な政府系企業（government-linked companies: GLCs）の1つで，インドネシアやタイなど ASEAN 域内を中心に経営を展開している。本章の狙いは，前章と同様，リージョナル型に関する2つの仮説，「大業種に属する AMNEs は，リージョナル展開を指向する」（仮説②）と「競争優位は，国内での強さ＋（ASEAN 企業が持つ）RSA で主に説明される」（仮説④）について考察することである。以下，第2節で同社の概要を述べ，第3節で国際化の経緯を確認する。第4節で仮説②，第5節で仮説④の視点から詳細に分析し，第6節でまとめる。

2. CIMB の概要

　CIMB グループ・ホールディングス（以下，CIMB）は，商業銀行，投資銀行，イスラム金融，資産運用など多彩な金融業務を手掛けるユニバーサル・バンクである。2021年末の総資産額は6,219億リンギ（約17兆2,577億円[1]）とマラヤン・バンキング（メイバンク，7,653億リンギ）に次いでマレーシア2位，ASEAN 全体では DBS グループ・ホールディングス，オーバーシー・チャイニーズ銀行（OCBC），ユナイテッド・オーバーシーズ銀行（UOB）のシンガポール3行，メイバンクに次いで5位の規模である。ASEAN を中心に中国やインド，欧米にも拠点を展開し，進出先は14カ国・地域に広がる。国内外の支店数は約630と ASEAN の銀行として最大規模で，2021年末の従業員数は約3万3,000人に上る。CIMB の筆頭株主は政府系投資会社カザナ・ナショナルで持ち株比率は25.72%，それに従業員退職積立基金（EPF）が15.23%で続いている。

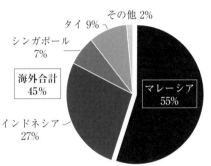

図表 8 - 1
営業収益の国別比率（2021年）

出所：CIMB 決算資料より筆者作成。

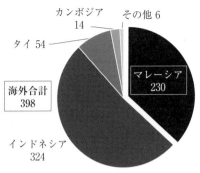

図表 8 - 2
支店数の国別内訳（2021年）

出所：CIMB 決算資料より筆者作成。

　2021年12月期決算は，営業収入が前の期に比べ15％増の195億1,300万リンギ，税引き前利益が同3.8倍の57億8,900万リンギであった。このうち前者の国別比率は，地元マレーシアが55％と最大で，以下，インドネシア27％，タイ 9 ％，シンガポール 7 ％と続き，海外比率は合計45％である（**図表 8 - 1**）。この比率は，ライバルのメイバンク（約 8 ％）を大きく上回る。また，CIMB の支店数の国別内訳をみると，マレーシア国内の230店舗に対し海外は398店舗に上り，国際化が進んでいる様子がうかがえる（**図表 8 - 2**）。

3．国際化の経緯

　CIMB が海外で初めて目立った動きを見せたのは，前身のコマース・アセット・ホールディング（CAHB）が2002年，インドネシアの中堅銀行バンク・ニアガの株式51％を取得し，傘下に収めた時であった（**図表 8 - 3**）。この買収は，1997年に起きたアジア通貨危機の影響で地元の銀行業界が痛手を被ったためインドネシア政府が外資に門戸を開放し，業界再建を図ろうとする中で実現した。一方，CAHB の筆頭株主であったマレーシアの政府系投資会社カザナ・ナショナルも2005年，同じインドネシア中堅のリッポー銀行

図表 8-3　CIMB の ASEAN 域内における主な動き

2002年	前身のコマース・アセット・ホールディングス（CAHB）がインドネシアのバンク・ニアガを買収。
2006年	旧 CIMB がブミプトラ商業銀行（BCB）などと統合し，新 CIMB が発足。
2008年	バンク・ニアガとリッポー銀行が統合し，インドネシア 5 位の CIMB ニアガが発足。 タイの中堅銀バンク・タイを買収，CIMB タイを新たに発足。
2009年	シンガポールで個人向け銀行業務に参入。
2010年	カンボジアで銀行業務をスタート。
2012年	タイの証券会社 SiCCO を買収。 英ロイヤル・バンク・オブ・スコットランド（RBS）のアジア投資銀行業務を買収。
2014年	CIMB タイを通じてラオスに進出。
2016年	ベトナムに全額出資子会社を設立，銀行業に参入。
2018年	フィリピンで銀行業務をスタート。ASEAN10カ国全てに営業拠点を持つ体制を完成させる。

資料：CIMB の年次報告書各年版より筆者作成。

を自ら子会社化していた。

　その後，2005〜06年にマレーシア国内の銀行再編[2]）により現在の CIMB が発足したのを経て，08年にバンク・ニアガとリッポー銀行が統合し，インドネシアで業界 5 位の「CIMB ニアガ」が誕生した。同じ年，CIMB はタイ中堅のバンク・タイを買収し「CIMB タイ」に改名した。この買収も，アジア通貨危機で経営が悪化した地元銀行を外資の力で再生させようとするタイ政府の思惑を背景に実現した。これらインドネシアとタイでの一連の M&A を経て，CIMB は ASEAN の有力リージョナルバンクへと台頭した。

　CIMB はその後，09年にシンガポールで個人向け銀行業務に参入し，翌2010年にはカンボジアで銀行業に進出した。12年にタイの証券会社 SiCCO

および英大手銀ロイヤル・バンク・オブ・スコットランド（RBS）のアジア投資銀行業務も買収し，経営のリージョナル化を加速させていく。さらに14年に CIMB タイを通じてラオスに進出し，16年にベトナムに全額出資の銀行子会社を設立した。18年にはフィリピンで銀行業務を始め，CIMB は ASEAN10カ国全てに営業網を有する「ASEAN の銀行」になった。

　一方，ASEAN 以外では09年に中国遼寧省の営口銀行の株式約20％を取得[3]したほか，12年にインドで証券会社を設立し，翌13年には韓国で ASEAN の金融機関として初めて証券取引業務の資格を得た。また，17年に海外証券取引部門を統括する CIMB セキュリティーズ・インターナショナル（シンガポール）の株式50％を中国銀河証券に売却し，中国に三百数十店舗，約900万人の顧客を持つ同社の販売網を活用する体制を整えた。

4．仮説②に関する考察

　本節では，「大業種に属する AMNEs は，リージョナル展開を指向する」という仮説②の要因，背景について，CIMB の事例から検討する。

　まず，本研究で言う「大業種」とは世界市場規模が約5,000億ドル超の業種である。CIMB が属する銀行業界は 2 兆1,000億ドルの規模であることから，「大業種」と判断される[4]。一方，本研究が「グローバル」か「リージョナル」かの判定材料とする海外売上高[5]，海外資産額，海外従業員数，海外子会社数[6]のアジア比率を見ると，同社はいずれも高く，「リージョナル」型に分類される（**図表 8-4**）。前章でみたタイビバと同様，CIMB の事業展開先も ASEAN に集中している。同社もやはり ASEAN 色の濃い「リージョナル型」AMNEs と言えるだろう。

　世界の銀行業界において CIMB はどのようなポジションに位置するのか。**図表 8-5** は，世界の銀行ランキング上位10行（総資産ベース）と CIMB の規模を比べたものである。それによると，1 位・中国工商銀行（4 兆3,243億ドル），2 位・中国建設銀行（3 兆6,531億ドル），3 位・中国農業銀行

図表 8-4 CIMB の各指標の「アジア比率」

営業収益	94%
従業員	99%
資産額	64%
支店数	100%

注：海外部門全体に占めるアジアの比率。
　　アジアは，北東アジア，東南アジア，南ア
　　ジアで構成される地域を指す。
出所：2019年度決算資料から筆者作成。

図表 8-5 世界の銀行ランキング
（総資産額ベース，単位10億ドル，2019年末）

順位	社名	国籍	総資産
1	中国工商銀行	中国	4,324
2	中国建設銀行	中国	3,653
3	中国農業銀行	中国	3,573
4	中国銀行	中国	3,270
5	三菱 UFJ フィナンシャル・グループ	日本	2,893
6	HSBC ホールディングス	英国	2,715
7	JP モルガン・チェース	米国	2,687
8	バンク・オブ・アメリカ	米国	2,434
9	BNP パリバ	フランス	2,429
10	クレディ・アグリコル・グループ	フランス	2,257
	CIMB グループ・ホールディングス	マレーシア	142

注：CIMB の総資産額は19年末の為替レートでドルに換算した。
出所：上位10行は，S&P グローバルの調査に基づく。

（ 3 兆5,730億ドル）の上位 3 行と比べ，CIMB（1,420億ドル[7]）はそれら
のわずか 3 ％台の規模に過ぎない。比較対象を100位のバンコ・デ・サバデ
ル（スペイン 2,511億ドル）へ一気に下げても，CIMB はそのわずか半分強
である。ASEAN 勢では DBS（4,304億ドル，66位），OCBC（3,656億ド
ル，76位），UOB（3,007億ドル，90位）のシンガポール 3 行が100位内に
入っているが，マレーシア勢は首位のメイバンク（2,040億ドル）でさえ圏
外である。ASEAN 主要国のマレーシアでは有力行である CIMB も，巨大
な銀行業界では世界的に「中小規模」の存在に過ぎない[8]。

　世界の銀行業界で海外展開の動きが特に活発化したのは1990年代以降であ
り，先進国に本拠地を置く多国籍銀行が中南米，中東欧，アジアなどの新興
諸国へ精力的に進出した[9]。この背景には新興諸国での金融規制緩和や情
報通信技術の高度化などがあり，現地の銀行を狙った M&A が活発化した。
銀行業界の海外展開が加速した1990年代以降の状況を，川本（2006）は20世
紀初頭から戦間期にかけての「第 1 の波」，1960年代から80年代までの「第
2 の波」に続く「第 3 の波」と表現し，多国籍銀行が従来のホールセールで
なくリテール業務を積極的に展開したことを特徴に挙げている（p.83）。

　この「第 3 の波」における新興国向け直接投資の主体を地域別にみると，
対中東欧はフランス，ドイツ，イタリアなど欧州主要国，対中南米はスペイ
ンと米国，対アジアは米国，英国，オランダなどの金融機関がそれぞれ中心
勢力となった[10]。主要な投資主体の国籍に違いはあったものの，どの地域
も先進国の大型金融機関が牽引していた点は共通していた。

　その背景には先進国市場が飽和状態で，競争の激化もあり商機拡大が難し
くなっていたことがあった[11]。こうしたなか多国籍銀行の対アジア投資は，
対中南米，対中東欧より遅い2000年代以降に活発化した[12]。これは1997年
に起きたアジア通貨危機を受け制度改革や自由化など外国金融機関の進出を
促す動きがアジア域内に広がったためである。実際，川本（2006）によれ
ば，ASEAN 諸国では通貨危機後にタイやインドネシアで外国銀行の資産比
率が上昇した（p.101）。

先進国の有力銀行が対外進出を活発化させた大規模な銀行業界において，国際的に「中小規模」，本格的な国際化時期も2000年代以降と「後発」のCIMBにとっては，グローバル型の戦略は難しかったと考えられる。ただ，足元のアジアでは先進国銀行の動きがやや遅れたこともあり，近隣諸国にターゲットを絞る「リージョナル型」戦略が現実的な選択肢であったとみられる。

5．仮説④に関する考察

　本節では，リージョナル型 AMNEs に関する仮説④「競争優位は，『国内での強さ＋RSAs』で主に説明される」について検討する。以下，CIMB の「国内での強さ」を考察したうえで，同社が持つ「RSAs」が具体的に何を指し，「リージョナル型」の戦略をどのように後押ししたかを分析する。本節における主要な課題は，「リージョナル型」の競争優位を構成する特徴的な要素である「RSAs」の実態およびその効果を詳細に説明することである。

1）国内での強さ
　第4章の図表4-2が示す通り，CIMB の国際化が本格化したのは2000年代であった。これは同社の年次報告書に記載されている海外関連の動きが1990年代のゼロから2000年代に6件へ増えたことからわかる。既述の通り，その中でも08年のインドネシアの銀行子会社と地元大手銀の統合，翌09年のタイ中堅銀買収の2件が，CIMB を ASEAN の有力リージョナルバンクへ押し上げた。この点を踏まえると，CIMB の国際化の本格期は，正確には2000年代後半からである。主要 AMNEs の間では2010年代から国際化を加速するケースが多いが，CIMB はそれに比べると少し早い時期であった。
　CIMB の本格的な国際化が始まる前の2005-06年，有力投資銀行であった旧CIMB は，地元の商銀大手のブミプトラ商業銀行（BCB），中堅のサザン銀行と相次いで統合し，新CIMB を発足させた（図表8-6）。

図表8-6　新 CIMB の発足と国際化の加速

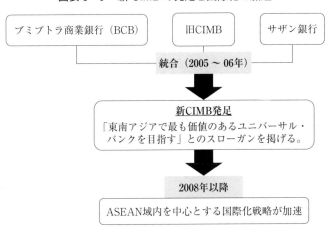

出所：筆者作成。

　この３行統合の注目点は資産規模で国内２位の BCB が含まれていたこと
で，これにより新 CIMB は国内金融界で一大勢力へ浮上した。BCB の前身
の政府系商業銀行バンク・ブミプトラは，アジア通貨危機の影響で1998年３
月期に巨額赤字を計上したため，国内６位の商銀であったバンク・オブ・コ
マース（BOC）と合併し，BCB となった。BCB は最終的に旧 CIMB に統合
され，メイバンクに次ぐマレーシア２位の巨大金融グループが誕生した。

　新 CIMB 発足に至る一連のプロセスで大きな影響を及ぼしたのが，政府
主導の金融再編の動きである。アジア通貨危機後に経営が悪化したバンク・
ブミプトラが BOC と合併したのは，金融システムの動揺を防ぐため，金融
機関を閉鎖せず，健全行との合併か中央銀行の一時的な管理下に置くという
政府の方針に基づくものであった（熊谷，2000，p.152）。旧 CIMB，BCB，
サザン銀行の３者統合も，国内に乱立する金融グループを再編し，業界の健
全な発展を促そうとする政府の意向が背景にあった。このことは政府系投資
会社カザナ・ナショナルが，旧 CIMB および BCB の持ち株会社ブミプト
ラ・コマース・ホールディングス（旧 CAHB）双方の主要株主であったこ

とからもうかがえる。こうして政府主導の業界再編の流れの中で新CIMBは国内で強固な基盤を確立することになった。その過程は，EMNEsはまず国内市場で強い立場を築くとみるHennart（2008, 2009, 2018）の「バンドリング・モデル」が想定する現象に重なる。

CIMBの場合，同モデルでEMNEsが優先的なアクセスを持つとみなすCLRsに相当するのは，GLCという特権的立場により享受できる「政府との関係」[13]と考えられる。このことは政府主導の業界再編が進められる中で新CIMBが発足した経緯を見れば明らかである。政府の後押しがあって巨大化した新CIMBは，国内2位の総資産を持つユニバーサル・バンクとなり，地元の「消費者（顧客）」という別のCLRsへのアクセス権も掌握した。同社のナジル・ラザク前CEOは，国内で資金力を増強できたうえ，ユニバーサル・バンクとして商業銀行や投資銀行，イスラム金融，保険など多彩な分野で人材，経験，ノウハウを蓄積したことが，その後の新CIMBの国際化に役立ったとしている[14]。

2）地域特殊的優位（RSAs）

「リージョナル型」戦略を進めるCIMBの主な海外出先は，インドネシアやタイなどASEAN諸国である。以下では「リージョナル型」に関する仮説④に含まれる「RSAs」に着目し，それが同社にどのような強みをもたらしたかを探りたい。第4章の**図表4-5**で示した通り，CIMBが持つとみられるRSAsは，②「自国政府による支援措置」と③「経営者の強い意欲」の双方である。

ナジル氏の存在

ここではまず，後者の③「経営者の強い意欲」から考察しよう。

CIMBが「ASEAN重視」の戦略を鮮明に打ち出したのは，2006年の新CIMB発足時であった。自らをASEAN域内で事業を展開する「リージョナル・ユニバーサル・バンク」と明確に定義し，「ASEAN」をキーワード

に新しい企業イメージの構築を始めた[15]。インドネシアの銀行子会社と地元大手銀の統合，タイ中堅銀の買収が行われた08-09年以降，CIMB の経営は“ASEAN色”を一段と強め，2010年代には域内全10カ国に営業網を持つ体制を完成させた。この時期に CEO／会長として CIMB に君臨したのがナジル・ラザク氏で，同社の「ASEAN 重視」戦略は同氏の強いイニシアチブの下で進められたものであった[16]。

　CIMB が ASEAN 市場に傾注した様子は，同社の年次報告書の内容を追えば確認できる。2005年版まで ASEAN／東南アジアに関する経営目標やスローガンは見当たらなかったが，新 CIMB が誕生した06年版に「東南アジアで最も価値のあるユニバーサル・バンク（Southeast Asia's most valued universal bank）になる」との目標が初めて明記され，それは10年版まで毎年紹介された。12年版からは新たに「ASEAN のリーディング・カンパニー（the leading ASEAN company）になる」に目標が変わり，17年版まで毎年掲載された。年次報告書に「ASEAN」，「東南アジア」という言葉が登場する回数は2010年代に急増した（図表 8-7）。これは ASEAN 重視を単に唱えるだけでなく，年次報告書に盛り込むべき具体的な動きが実際にあったことを示している。「ASEAN 重視」が色濃く滲む年次報告書は，ナジル氏が退任した18年まで続けられたのである。

　ナジル氏は「ASEAN 重視」の理由について，「（自国の）マレーシアが位置する地域で，（中間所得層の拡大などで）高成長も見込める。ASEAN は2015年の『経済共同体』を目指している。今後は（関税や投資規制など）さまざまな障壁が取り除かれ，事業環境も改善される」とし，ASEAN 域内に本社を置く企業として経済統合に伴う商機を獲得したいとの意欲を強く滲ませた[17]。また，ASEAN に経営資源を集中することについて「適切な規模はグローバルとローカルの間にある」，「（規模が）大きすぎると経営を統制できない」とも述べている[18]。CIMB の CEO／会長に在任中，ASEAN 重視の方針を繰り返し表明した同氏は，2010年には ASEAN 経済統合を主要な研究テーマに掲げるシンクタンク「CIMB・ASEAN 研究所」をインドネシ

図表 8-7　CIMB の年次報告書に「ASEAN」が登場した回数

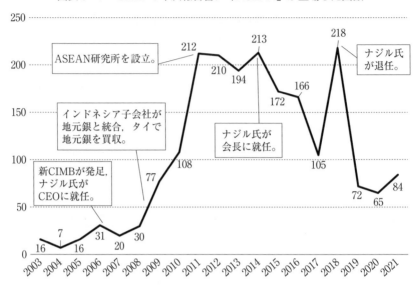

注：「東南アジア」という言葉も含む。2003-08年は CIMB の前身にあたる企業（コマース・アセット・ホールディング及びブミプトラ・コマース・ホールディングス），09年以降は CIMB グループ・ホールディングス。新 CIMB 発足は2006年であるが，持ち株会社の名称は08年まで変わらなかった。
出所：各年年次報告書より筆者作成。

アの首都ジャカルタに設立している。

　CIMB が ASEAN 域内で経営基盤を強化できた背景には，「ASEAN 統合に情熱的」[19]なナジル氏が陣頭指揮を執る中で，「ASEAN 重視」の戦略が全社一丸となって進められたことがある。これは「ASEAN 経済統合に伴う商機獲得に向けた経営者の強い意欲」という RSAs が CIMB に存在したことを意味している。CIMB のリージョナル戦略の大きな推進力となったのは，経済統合が進む中で地元 ASEAN 市場を是が非でも押さえたいという，ASEAN 有力企業のトップならではのナジル氏の強い意志であったのである。

マレーシア政府の支援策

　CIMB は，マレーシア政府の ASEAN 進出支援策の恩恵も受けたと考えられる。同国政府は2004年から10年間，CIMB も含む有力 GLC20社（G20）を対象に経営改革プログラムを実施した[20]。同プログラムは「GLC が持つ『公的機関』としての役割を制限し，基本的には民間企業として利益を追求する体制を確立する」（熊谷，2017，p.14）ことを狙いとし，国際化を重要戦略の 1 つに掲げた。また，国際化に際しては，成長力に富み，経済統合の動きも進む地元 ASEAN 市場が重視され，同市場で有力プレーヤーとしての地位を目指す「リージョナル・チャンピオン（regional champions）」[21]戦略が進められた。

　その結果，経営改革プログラムが進められた10年間で G20の海外資産額は約 7 倍，海外売上高は約 3 倍に増え，海外資産比率は15ポイント高い26％，海外売上高比率は 6 ポイント高い34％へそれぞれ上昇した（牛山，2010，p.81）。G20の国際化が急速に進展したこの時期は，CIMB の「リージョナル戦略」が大きく前進した時期と一致するのである。

　経営改革プログラムの下，GLC の海外進出を実際に後押したのは政府系投資会社カザナ・ナショナルであった。同社は2005年から対外投資を自ら積極的に行い，GLC を「リージョナル・チャンピオン」にするためのパートナーの役割を担った（Taing & Siow, 2008, p.84）。カザナの海外投資が特に目立った業種は金融，医療の両セクターである（Lai, 2012, p.242）。08年にカザナのインドネシア子会社であるリッポー銀行と，CIMB の子会社であるニアガ銀行が合併し，同国銀行業界 5 位の CIMB ニアガを発足した際には，カザナが影響力を行使した可能性が高い。カザナは CIMB 親会社の筆頭株主でもあったからである[22]。

　この合併は結局，ニアガ銀行がリッポー銀行を吸収する形となり，前者は存続会社となった。この結果，親会社の CIMB はインドネシア事業を一気に拡大できた。「リージョナル・チャンピオン」を育てるというマレーシア政府の目標に向けカザナが貢献した格好だ（Carney, 2015, p.26）。この事例

から指摘できるのは，「自国政府が進める ASEAN 進出支援策」の後押しも受けて CIMB がリージョナル型の戦略を本格化させたことである。すなわち，経営トップであったナジル氏の存在と政府の支援策という RSAs の両輪が，CIMB のリージョナル戦略に大きなアドバンテージをもたらした。

6．おわりに

　本章では「リージョナル型」AMNEs である CIMB に着目し，「大業種に属する AMNEs は，リージョナル展開を指向する」(仮説②)，「競争優位は，『国内での強さ＋RSA』で主に説明される」(仮説④) という，2 つの仮説について考察した。その結果，前者では，大規模な銀行業界において1990年代から先進国の銀行が新興国をターゲットに国際化を加速させる中，「中小規模」かつ「後発組」の CIMB にとって地元 ASEAN を中心とする

図表 8-8　CIMB の国際化戦略と競争優位

国際化戦略

◎　大業種・リージョナル型。
◎　ASEAN域内を中心に事業を展開。

競争優位

【地域特殊的優位（RSA）】
◎　ASEAN各国政府が進める地元企業向けの支援措置。
◎　ASEAN経済統合に伴う商機獲得に向けた経営者の強い意欲。

【自国での強固な経営基盤】
◎　2005 〜 06年に地元銀と相次ぎ統合し，国内2位の地位を確立。
◎　ユニバーサルバンクとして国内で蓄積してきた人材，ノウハウが国際化の推進に寄与。

出所：筆者作成。

リージョナル戦略が現実的な選択であったことをみた。一方，後者について
は，他行との統合等により地元での基盤を強固にしたことが国際化に役立っ
た点，また「自国政府が進める地元企業向けの支援措置」と「経営者の強い
意欲」という 2 つの RSAs がリージョナル戦略を進めるうえで実際に活かさ
れた点を詳細に見てきた。このような CIMB の国際化戦略および競争優位
の構図は，**図表 8 - 8** のようにまとめられる。

注

1）2021年末の為替レート（ 1 リンギ＝約27.75円）で換算した。

2）本章 5 節で詳述する。

3）2017年 1 月までにすべての保有株を売却している。

4）この金額はリテール部門のみの数字である。第 3 章の図表 3 - 7 参照。

5）CIMB の場合，売上高ではなく営業収益を用いている。

6）CIMB の場合，海外子会社数ではなく海外支店数を用いている。

7）2019年末の総資産を当時の為替レートを用いて米ドルに換算した。

8）BRICs からは，中国19行，ブラジル 4 行，ロシアとインド各 1 行が100位以内にそれ
　　ぞれランクインしている。

9）川本（2006），p.83。

10）前掲書，pp.98-101。

11）前掲書，p.104.

12）前掲書，p.101。

13）Hennart（2009），（2012），（2018）は，CLRs の事例として土地，天然資源，労働力，
　　消費者（顧客）などとともに「政府との関係」も挙げている。第 4 章の 2 節 1 ）参
　　照。

14）2010年 7 月 1 日，マレーシア・クアラルンプール市内の CIMB 本社ビルで筆者によ
　　る約 1 時間の単独インタビューに応じた中で述べた。

15）CIMB のホームページの記述に基づく。https://www.cimb.com/en/who-we-are/
　　history/2000s.html　2022年 5 月 1 日アクセス。

16）1999年に旧 CIMB の CEO に就任し，2006年の新 CIMB 発足時にそのまま CEO と
　　なった。14年に CEO 退任と同時に会長に就任し，18年まで務めた。ナジル氏は，マ
　　レーシアのナジブ・ラザク元首相の実弟である。

17) 注14と同じ。

18) 2012年12月18日付の日本経済新聞。

19) 同氏が2018年9月にCIMB会長を退任する方針を表明した際，社員向けのメッセージの中で自らをこう表現している。

20) 当初は15社を対象とし，2006年に20社に増えた。売却や他社との統合で対象外となった企業もあるため，その後，20社を下回る企業数となった。

21) Putrajaya Committee on GLC High Performance1 (2015), p.70。

22) 当時の親会社であったブミプトラ・コマース・ホールディングスの株式22.06％を保有していた（2008年3月末時点）。

第 9 章 [1]

ベトナム軍隊工業通信グループ(ベトテル)
―変則型の事例研究―

1. はじめに

　事例研究の最後となる本章では AMNEs の中では「変則的」な動きを見せている企業を取り上げたい。ベトナムの大手通信企業，ベトナム軍隊工業通信グループ（以下，ベトテル）である。同社の特徴は，仮説①「中小業種に属する AMNEs は，グローバル展開を指向する」，仮説②「大業種に属する AMNEs は，リージョナル展開を指向する」のどちらにも当てはまらない国際化戦略を進めていることである。すなわち「大業種」に属しながら「グローバル展開」を指向するという稀有な事例である。本章ではこのような戦略を進めることができる同社の強みについて分析し，AMNEs の競争優位に関する考察を深めたい。

　以下，第2節で同社の概要に触れ，第3節で国際化の経緯を説明する。続く第4節で「大業種・グローバル型」である同社の国際化戦略を分析し，第5節でその競争優位の源泉を検討する。最後の第6節で議論を締めくくる。

2. ベトテルの概要

　ベトテルはベトナム国防省の全額出資子会社で，国内携帯通信市場で約52％のシェアを握る最大手である（**図表9-1**）。同市場はベトテルとVNPT，モビフォン（Mobifone）の国有企業3社で計9割超のシェアを占めるが，ベトテルの強さは際立っている。2020年12月期の売上高は前年同期比4％増の約264兆ドン（約1兆4,784億円），税引き前利益は同4％増の約39兆8,000億ドン（約2,229億円）と，2位 VNPT と比べ前者は1.6倍，後者は5.6倍の規模であった[2]。

　ベトテルが設立されたのは1989年である[3]。創業当初は同国人民軍向けに通信機器の納入などを手掛けていたが，ベトナム政府が通信市場の自由化に踏み切ったのを受け，1995年に事業免許を取得した。その後，2000年に固

図表 9-1　ベトナム携帯通信市場での各社シェア
（契約者ベース）2020年 6 月末

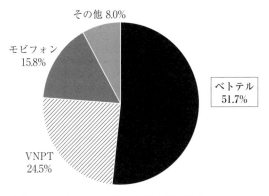

出所：Fitch Solutions（2020）より筆者作成。

図表 9-2　ベトテルの業績推移（単位10億ドン）

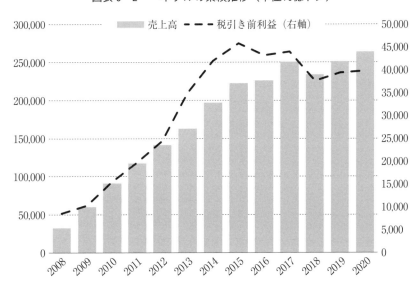

資料：年次報告書，メディア報道などから筆者作成。

定電話，01年に国際通話，02年にインターネット，04年に携帯通信の各サービスを相次いで始め，売上高が急増していく（**図表9-2**）。その結果，2000年代前半まで国内市場で独占的地位を享受していたVNPTの売上高を追い抜いて業界首位に立った。ベトテルは現在，国内で法人税納税額（2020年）トップの企業でもある[4]。

躍進の土台になったのは国防省傘下の特別な地位である。同社は軍が保有する土地や設備，労働力の活用，軍系列銀行からの低利資金調達，軍の信用力をバックにした海外からの設備・機器の調達など有利な条件下で経営を進めた（Ngo, 2017, p.14）。ベトテルのタオ・ドゥック・タン（Thao Duc Thang）現社長は大佐の肩書を持つ軍人で，軍との緊密な関係をうかがわせる[5]。

3．国際化の経緯

ベトテルが海外市場に初めて進出したのは2009年のことであった[6]。この年，ベトナムの隣国であるカンボジア，ラオスの両国で携帯通信サービスに乗り出した。以後，11年ハイチ，12年モザンビーク，13年東チモール，14年カメルーンとペルー，15年ブルンジとタンザニア，18年ミャンマーと相次いで進出し，海外展開先は合計10カ国へ広がった（**図表9-3**）。

Curwen（2020）によると，海外進出先の国数ベースで世界の通信会社のトップ3は，1位オレンジ（旧フランステレコム，35カ国），2位アメリカ・モビル（メキシコ，29カ国），3位ボーダフォン（英国，26カ国）である。これら3社を含め，進出先が10カ国以上に達する通信企業は世界に14社を数えるが，ベトテルはその一角を占める（**図表9-4**）。進出先数のみに着目すれば，同社は世界の通信業界の中でも経営のグローバル化が進んでいる企業の1つと言える。

ベトテルは進出先で有力プレーヤーにもなっている。具体的にはカンボジア，ラオス，東チモール，ブルンジでいずれもシェア1位，ハイチ，モザンビーク，ミャンマーで2位，カメルーンで3位，ペルー，タンザニアで4位

図表9-3　ベトテルの海外進出先

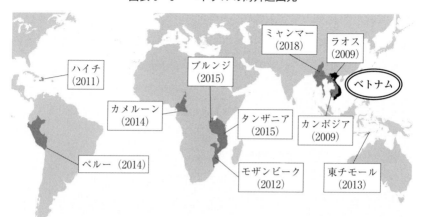

注：括弧内はサービスを開始した年。
資料：ベトテルの年次報告書などを基に筆者作成。

図表9-4　世界の通信業界，進出国数ランキング（2019年末）

順位	社名	国籍	進出国数
1	France Telecom	フランス	36
2	America Movil	メキシコ	29
3	Vodafone	英国	26
4	Singapore Telecom	シンガポール	24
5	Etisalat	UAE	21
6	Bharti Airtel	インド	20
6	MTN	南アフリカ	20
8	Telefonica	スペイン	17
9	Deutsche Telecom	ドイツ	15
10	Hutchison	香港	13
10	Telia Company	スウェーデン	13
12	Millicom	ルクセンブルグ	11
12	Ooredo	カタール	11
12	**Viettel**	**ベトナム**	**11**

注：本社所在国を含む。Singapore Telecom はインド企業への出資
　　を通じて間接的に進出しているアフリカ諸国を含む。15位以下
　　は割愛した。
出所：Curwen（2020）

である[7]。同社は海外進出先10カ国で合計約5,700万人の携帯通信契約者数を抱える。これはベトナム国内（約6,570万人）にほぼ匹敵する規模である[8]。また，同社の海外売上高は10億ドル超で，総売上高に占める比率は10％台とみられる[9]。ベトナム企業で海外売上高が10億ドルを超えるのはベトテルのみである[10]。同社は今後，経営の国際化をさらに進め，2020年代後半までに進出先を30カ国へ増やすとの意欲的な目標を掲げている[11]。

4．例外的な国際化戦略

本節ではベトテルが「大業種」「グローバル型」という，AMNEsでは特殊タイプであることを確認し，その国際化戦略について論じる。

まず，同社が属する通信業界の世界市場規模は1兆5,750億ドル[12]で，本研究で「大業種」と「中小業種」を隔てる閾値とみなす約5,000億ドルを大きく上回る。したがって通信業界は「大業種」に分類される。一方，同社は海外売上高，海外総資産，海外従業員のアジア比率が不明であるが，海外子会社のアジア比率は50％を下回るとみられる[13]。進出先がアジア以外にも広がっているうえ，アフリカや中南米で高い市場シェアを持つことも考えれば，ベトテルの国際化戦略は「グローバル型」と判断するのが妥当である。すなわち同社は「大業種・グローバル型」企業と言え，主要AMNEsでは稀有な国際化戦略を採っている。

世界の通信業界の中でベトテルは「中小規模」である。同社が海外展開を本格化した2010年代前半時点でみると，地元ベトナム市場ではすでに業界1位であったものの，その売上高は世界30位前後の規模に過ぎなかった[14]。当時トップ10に名を連ねていたのは，AT&T（米国），NTT（日本），ベライゾン・コミュニケーション（米国），中国移動（China Mobile: 中国），テレフォニカ（スペイン），ドイツテレコム（ドイツ），ボーダフォン（英国）など先進国，中国の巨大企業である。それらの多くはベトテルの10倍を超える売上高があり，差は歴然としていた。

　もう1つ押さえておくべき点は，ベトテルが海外戦略を本格化した2010年代は海外巨大企業の国際化がすでにかなり進行していたことである（**図表9-5**）。具体的には，ボーダフォン，テレフォニカ，ドイツテレコム，旧フランステレコムなど欧州勢，さらにアメリカ・モバイルやシンガポールのシングテルなども加わり，1990年代半ば～2000年頃から旧植民地時代の宗主国関係を生かした「歴史的経緯に基づく展開モデル」か，自国周辺地域を中心とする「周辺経済圏地域への展開モデル」のいずれかのパターンによる市場争奪戦が白熱していた（総務省，2013，pp.80-83）。この状況を踏まえれば，2010年代前後から越境経営に注力したベトテルは，国際的には「中小規模」であるうえ「後発組」でもあった。

　ベトテルの国際化戦略にはどのような特徴があるのか。同社の海外進出先を見ると，所得水準が低い国々が多い。1人当たり国内総生産（GDP，2021年）は，ペルーを除く9カ国でベトナムより低い（**図表9-6**）。特にモザンビークとブルンジは1,000ドル未満で，世界に27カ国しかない「低所得国」[15]に分類される。その他の7カ国は「下位・中所得国」に該当する国々である。所得水準が低いこれらの国々では携帯電話の普及率もかつては低く，2009年に進出したカンボジアは45％（当時，以下同），ラオスは53％と世界平均（68％）を下回る水準であった[16]。また，12年に進出したモザン

図表9-5　世界の通信事業者の海外展開

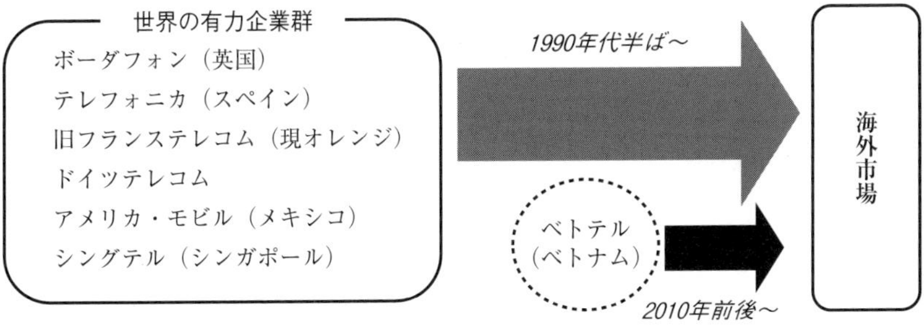

世界の有力企業群

ボーダフォン（英国）
テレフォニカ（スペイン）
旧フランステレコム（現オレンジ）
ドイツテレコム
アメリカ・モバイル（メキシコ）
シングテル（シンガポール）

1990年代半ば～

海外市場

ベトテル
（ベトナム）

2010年前後～

出所：総務省（2013）などを参考に筆者作成。

図表9-6　ベトテルの海外進出先の概要

国名	進出年	1人当たり 名目GDP(ドル)	名目GDP (10億ドル)	人口 (100万人)
ペルー	2014	6,679	225.9	33.8
(ベトナム)	―	3,753	369.7	98.5
東チモール	2009	2,695	3.6	1.3
ラオス	2009	2,496	18.5	7.4
ハイチ	2013	1,765	21.0	11.9
カンボジア	2014	1,680	26.6	15.8
カメルーン	2018	1,667	45.4	27.2
ミャンマー	2011	1,217	65.2	53.6
タンザニア	2015	1,171	69.9	59.7
モザンビーク	2012	492	15.8	32.1
ブルンジ	2015	274	3.4	12.2

注：進出年は携帯通信サービスを始めた年。1人当たり名目GDP，名目GDP，人口は
　　2021年の数字。
出所：ベトテル・グローバル社の年次報告書，IMF統計より筆者作成。

ビークは35％，15年に進出したブルンジは49％と，ともに世界平均の半分程
度の普及率に過ぎなかった。

　中小規模の国々が多いのも，ベトテルの進出先の特徴である。それらは総
人口がベトナム（約9,850万人）より少ない国が目立ち，最も多いタンザニ
ア，ミャンマーで5,000万人台，ペルーとモザンビークは3,000万人台，カメ
ルーン2,000万人台，ハイチとブルンジ，カンボジアが1,000万人台である。
ラオスと東チモールは1,000万人を下回る。このようにベトテルは所得水準
が低く，かつ，中小規模の国々を中心に海外市場を開拓してきたのである。

　進出先ではラオスとミャンマーを除く8カ国で子会社を設立している。出
資比率は，東チモールとペルーが100％，タンザニア99.99％，カンボジア

90％，ブルンジ85％，モザンビークとカメルーン各70％，ハイチ60％である。ベトテルが子会社を設立したこれらの国々は，外資側が経営の主導権を握ることが可能な市場である。所得水準が低い中小国の中からこれらの国々が選ばれたのは，経営の自由度の高さが考慮された結果と考えられる。

加えて，同社が低所得国[17]・中小国に照準を定めたのには，途上国市場の中でも海外巨大企業の存在感が比較的薄く，市場の成長力も高いとみられるこれらの国々に「大きな商機がある」[18]との判断があった。低所得国のモザンビークやブルンジにも進出しているベトテルは「わが社は貧困国を恐れない。参入経験が乏しい大手携帯事業者とは対照的だ」[19]と自信を示す。

そのような果敢な姿勢を象徴する事例が，2010年の大地震で甚大な被害を受けたハイチでの強気の戦略である。同社は地震発生後直ちに約1億ドルを投じ，現地に光ファイバーケーブル網を整備した。これは大地震後のハイチ通信市場で初めて投資が行われた事例であった[20]。「中小規模・後発」の制約下にあるベトテルは，海外の「超・隙間市場」をターゲットに据え，国際競争が激しい大規模な通信業界で「グローバル型」戦略を推進してきた。

その戦略は，第6章でみたフィリピンの港湾運営企業，ICTSIの動きと重なるように見える。同社もまた，海外有力企業の存在が希薄な小振りの市場に参入するというグローバル戦略を採った。海外有力企業にとって中小国は業績への寄与度が低く，進出動機は総じて乏しいとみられるからである[21]。ただ，ベトテルの場合，低所得・中小国の中の，さらに発展が遅れた後発地域（農村等）に重点的に事業を展開することで，「first mover advantages（先発者優位）」（Hai & O'donell, 2017, p.230）の獲得を目論んだ点が注目される。これは海外巨大企業がしのぎを削る通信業界という大業種にベトテルが属するため，中小業種に属するICTSIよりもさらに徹底した差別化戦略を採った結果と考えられる。

5．競争優位の構図

1）国内での強さ

　ベトテルの競争優位は，主に2つの側面から捉えることが可能である。

　第1に，主要AMNEsに広く共通する「国内での強さ」である。国防省傘下の国有企業である同社は，軍が保有する土地や労働力，銀行（資金）といったCLRs[22]への優先的アクセス権に恵まれていた。このことが地元市場で飛躍を遂げるうえで大きなアドバンテージとなり，同社は2000年代に国内で支配的地位を確立した。その後，2010年前後から海外事業が本格始動したが，その際に投入されたのが地元での成長過程で蓄積された技術，ノウハウ，資金であった（牛山，2018，p.183）。すなわち，同社は国内市場を押さえるのと並行して海外展開に必要な経営基盤も強化していたのである。たとえば2014年に進出したペルーで約3億ドル，2015年に参入したタンザニアで約2億3,000万ドルの初期投資がそれぞれ行われたが，いずれも国内事業で得た資金が主に投入された[23]。このように同社の国際化は，自国での強固な基盤に支えられてきた面が大きい。

2）非伝統的FSAs

　第2にベトテルは非伝統的FSAsの際立つ強さを持つと考えられる。第4章の**図表4-4**で示したように，非伝統的FSAsは，①「製品・生産プロセス・サービスの刷新・差別化能力」，②「途上国特有の環境で事業を遂行する能力」，③「対外ネットワーク」の活用，の3つに整理されるが，同社はこれらをすべて備えるとみられる。非伝統的FSAsの強さは「グローバル型」AMNEsが共有するもので，仮説④ではそれを「グローバル型」AMNEsの競争優位の特徴的な要素とみなしているが，同社もその例外ではない。ベトテルの場合は，前述の3つの非伝統的FSAsのうち，とりわけ①と②の存在が顕著と思われる[24]。

途上国特有の環境で事業を遂行する能力

まず，②「途上国特有の環境で事業を遂行する能力」に関してベトテルが長けているのは，「脆弱な制度・インフラの下での事業ノウハウ」と「途上国市場の顧客に関する深い理解」の２つであり，いずれも同社が地元ベトナムで成長する過程で育んできたものと考えられる[25]。

地元通信市場でも後発組であったベトテルは，先発組が所得水準の高い都市部を重視したのに対し，まず人口の約７割が住む貧しい農村部に力点を置く戦略を遂行した（Pham, 2015, p.15）。競争相手が不在で潜在需要が大きい地方市場をまず獲得するためで，実際，同社は多くの農村で唯一の通信事業者になった（Hai & O'Donnell, 2017, p.230）。最初に農村部に入り，そこから囲い込むように都市部へ向かう戦略が奏功し，同社は自国市場で支配的な地位を確立することができた。

その経験は，低所得国の中でもより貧しく，インフラ整備も遅れた地方部にまず乗り込むという同社の国際化戦略に投影されている。たとえば2012年に地元政府系 mCell，南アフリカ系ボーダコムに次ぐ３社目の通信事業者として参入したモザンビークでは，地方部中心にインフラ整備を進め，開業までに全長約１万2,600km の光ファイバーケーブル網と約1,800の基地局を設置した（Colestino, 2018, p.312）。さらに153の販売店に約4,000人の販売要員を配置し，地方人口の85％をカバーする体制を一気に整えた（Gillwald et al., 2016, p.1）。

また，ボーダコムやインドのバルティ・エアテル系エアテルがすでに参入していたタンザニアへ2015年に進出した際は，国内全27省でサービスを手掛ける初の通信事業者となった（Fitch Solutions, 2019, p.25）。ペルーやタンザニアでは競合企業が不在の地方部で学校など公共施設に無料ネットサービス提供しながら市場を切り拓いた（Gupta, 2020, p.13; Dinh, 2018, p.45）。さらにラオスやモザンビークでは顧客の自宅を直接訪れるという農村の実情に適した営業・サービス体制を整備し，顧客の獲得に結び付けた[26]。

ベトテルの海外戦略は，先発組の地場系，外資系が「付加価値が高い都市

部の利用者獲得を目指す中，総じて見過ごされてきた（地方部の）未開拓市場をまず取り込む」(Fitch Solutions, 2019, p.25) やり方に特徴がある。それは低所得・中小国の中でもさらに貧しく，人口の多くが分布する地方部をまずターゲットに据える「超フロンティア戦略」と言える。その際，威力を発揮したのが「途上国特有の環境で事業を遂行する能力」という非伝統的FSAsで，それは自らが途上国を出自とする同社が持つ固有の強みであった。

製品・生産プロセス・サービスの刷新・差別化能力

　ベトテルが持つ，もう１つの顕著な非伝統的FSAsは，①「製品・生産プロセス・サービスの刷新・差別化能力」である。これは「低コストで生産・サービスを手掛ける能力」，「市場のニーズに製品・サービス等を適合させる能力」，「後発優位性の発揮」の３つで構成されるが，同社はそれらをすべて有すると考えられる[27]。

　まず「低コスト」と「市場のニーズ」に関する能力は，徹底したコスト削減によって低所得層の潜在需要を発掘するもので，やはり同社が地元ベトナムで実践してきた手法である。ベトテルは自国市場に参入した当初，単純な音声通話機能にサービスを絞って大胆な低料金を提示し，貧困層の顧客を取り込んだ（Ngo, 2017, p.15）。そのノウハウは海外でも活かされ，2009年に参入したカンボジアでは他社より20-25％安い料金体系を実現した（Dinh, 2018, p.48）。さらに18年に参入したミャンマーでも競合各社の半額程度の格安料金とベトナム本国で生産した超低価格端末を一体化した営業を展開し，契約者を一気に増やした[28]。

　一方，「後発優位性の発揮」とは，先進国企業などから最先端技術を迅速に導入するフットワークの良さを意味する。たとえば，2019年以降，カンボジアやラオス，ミャンマー，ペルーなどで次世代通信規格「５G」の試験運用を各国業界の先陣を切って始めた。同社は地元ベトナムで他社に先駆け５Gサービスを導入したが，海外進出先でも同様の迅速さを見せた。また，2020年１月にはベトナムで「５G」向けに自前の通信機器を開発し，エリク

ソン（スウェーデン）やノキア（フィンランド）に続く世界で6番目の5G
機器開発企業になったと発表した。この通信機器はカンボジアやラオスなど
海外市場にも投入され，国際競争力の強化に役立てるとみられる。

　このようにベトテルは海外先端技術を積極的に導入し技術の底上げを図っ
ており，2021年8月には最先端デジタル関連技術の研究開発施設を自国に開
いた[29]。最新の技術・ノウハウの早期採用という「後発優位性の発揮」も
また，同社のグローバル展開を支える非伝統的FSAsとして見落とせない。

6．おわりに

　本章で取り上げたベトテルは，大規模な通信業界に属しながらグローバル
型の戦略を進めており，「中小業種・グローバル型」，「大業種・リージョナ
ル型」の両パターンが多く観察されるAMNEsでは稀有な存在である。そ
の戦略の特徴は，第6章で取り上げた「グローバル型」のICTSIと似通っ
ており，進出先に「低所得」「中小国」が多い点である。ただ，ベトテルの
場合，それらの国々の中でもさらに所得水準が低い地方部をまず重点的に開
拓するというやり方に特徴がある。これは地元の有力企業や巨大な多国籍企
業が世界の多くの市場をすでに牛耳っている大規模な通信業界にあって，
「後発」「中小規模」の同社が徹底した差異化戦略を図ったものと言える。

　通信業界のような大業種で，アジアの枠を超えてグローバル展開を進める
ベトテルの国際化は，上記の徹底した差異化戦略，すなわち「超隙間市場」
に狙いを定めることで進められてきた。そうした同社の姿は，「リージョナ
ル型」戦略が目立つ大業種であっても，「超隙間市場」に狙いを定めれば，
後発組のAMNEsでも「グローバル型」の戦略を採り得ることを示してい
る。その意味で「大業種・グローバル型」という例外パターンもあり得る。
ただ，それを可能にするのは，ベトテルにおいて観察される「国内での強
さ」と非伝統的FSAsの強さという複層的な競争優位の構図である（**図表9
−7**）。この点はグルーバル型の競争優位を説明する仮説③と重なるため，そ

図表 9-7　ベトテルの国際化戦略と競争優位

国際化戦略

- ◎　大業種・グローバル型。アジア，アフリカ，中南米の合計10カ国に展開。
- ◎　低所得・中小国が主要ターゲット。それらの国々の中の後進地域を重視。

競争優位

【非伝統的FSAs】

- ◎　製品・生産プロセス・サービスの刷新・差別化能力。
  - ・低コストで生産・サービスを手掛ける能力。
  - ・市場のニーズに製品・サービス等を適合させる能力。
  - ・後発優位性の発揮。
- ◎　途上国特有の環境でビジネスを遂行する能力。
  - ・途上国市場の顧客に対する深い理解。
  - ・脆弱な制度・インフラの下での事業ノウハウ。

【自国での強固な経営基盤】

- ◎　国防省傘下の企業として得られる様々なメリットを享受。国内市場
  で支配的な地位を確立し，資金力を増強。

注：筆者作成。

の有効性を補強するものと考えられる。

注

1 ）本章は，牛山（2022b）をベースに加筆・修正を加えたものである。

2 ）2022年 6 月 1 日の為替レート（100ドン＝約0.56円）で円に換算した。

3 ）設立当初の社名は SIGELCO であった。

4 ）2 位は国有銀行のベトコムバンク，3 位はホンダのベトナム法人のホンダ・ベトナム
であった（2021年12月 7 日付 *Viet Nam News*）。

5 ）2021年末まで社長を務めたレ・ダン・ズン（Le Dang Dung）氏は少将の肩書を持っ
ていた。

6 ）進出年は携帯通信サービスの開始時期。以下同。

7 ）Vittel Global（2020）に基づく。

8 ）海外契約者数は Viettel Global（2020），国内契約者数は Fitch Solutions（2020）にそ
　　れぞれ基づく。

9 ）非上場会社ベトテルの財務情報は未公開であるが，国際事業を担当する子会社
　　Viettel Global は株式を公開しており，その売上高（2020年）は約22兆2,460億ドン
　　（約 9 億7,000万ドル，2021年12月 6 日の為替レートで換算）である。2018年 1 月 3 日
　　付の Vietnam Investment Review は，ベトテルの17年の海外売上高比率は約14％
　　だったと報じている。同紙はベトナム計画投資省傘下のメディアである。携帯通信契
　　約者数が国内外でほぼ同数にもかかわらず，海外売上高比率が低いのは，建設，郵便
　　など他部門の国内子会社の売上高が分母に含まれるほか，海外での携帯料金の設定が
　　ベトナムより総じて低いためと思われる。

10）2018年 5 月 4 日付 *Viet Nam News*。

11）2016年12月17日付の報道ӿ用資料。グエン・マイン・フン（Nguyen Manh Hung）社
　　長（当時）が同社主催のパーティーでのスピーチで述べた。

12）第 3 章の図表 3 - 7 および 3 -11参照。

13）海外売上高，海外総資産，海外従業員のアジア比率が不明である理由は，注 9 参照。
　　Viettel Global（2020）によると，海外子会社数のアジア比率（2019年）は52％であっ
　　た。ただ，この海外子会社数にペルーの子会社は含まれていない。この分を含める
　　と，同比率は50％を下回るとみられる。

14）総務省（2013）の世界通信業界の売上高ランキング（2012年度）を参考にした。同ラ
　　ンキングの原データは Financial Times Global 500および各社公表資料。ベトテルに
　　ついては2012年度の売上高を当時の為替レートでドルに換算した。

15）世界銀行の分類（2021年）に基づく。 1 人当たり国民総所得（GNI）が1,035ドル以
　　下は低所得国，1,036ドル以上4,045ドル以下は低位・中所得，4,046ドル以上 1 万
　　2,535ドル以下は高位・中所得国， 1 万2,536ドル以上は高所得国。

16）世界銀行 World Development Indicators（WDI）に基づく。

17）以下ではベトナムより所得水準が低いという意味で「低所得国」という言葉を用い
　　る。

18）2014年 2 月18日付の日経産業新聞に掲載されたレ・ザン・ズン（Le Dang Dung）副
　　社長（当時）のコメント。

19）同上。

20）Huet et al.（2016），p.183。

21）Christensen（1997）は「企業は大きくなると，小さな新興市場に参入する能力を文

字通り失う」（p.132）と指摘した。発展の遅れた後進国は一般に情報が乏しく，物的インフラや制度・ルールも未整備なため，取引コストがビジネス禁止的レベルに極端に高い場合もある（今井，2016，p.126）。こうした状況から先発大企業が二の足を踏む中，ベトテルのような「後発」「中小規模」のEMNEsが，成長力に富み，自らの業績拡大に資する後発国市場で活動を本格化したと考えられる。Hart & Christen（2002）が言う「豊富な経営資源を持つ競争相手が見向きもしない市場で潜在的な破壊者がビジネスを育む」（p.52）状況と言え，ベトテルは「潜在的な破壊者」として低所得・中小国へ相次いで乗り込んだと考えられる。

22) Hennart（2009），（2012），（2018）が「バンドリング・モデル」を論じる中で言及した「補完的現地資源（complementary local resources：CLRs）」のこと。

23) 初期投資額の数字は，2012年8月21日付のVIETJOベトナムニュースおよび同年8月10日付のベトナム経済金融情報に基づく。「国内事業で得た資金が主に投入されている」という記述は，筆者が2016年2月3日にハノイでベトテル関係者（匿名）にヒアリングした内容に裏づけられている。

24) ③「対外ネットワークの活用」では，国家間の緊密な関係を背景に海外進出を実現した事例もあるとみられる。たとえば，近隣のラオス，ミャンマーはベトナムの支配政党である共産党，ベトテルを傘下に持つベトナム人民軍がともに深い関係を持つ国々とされる。ただ，それらをベトテルの現地進出と結び付ける具体的な材料は，①，②に比べ乏しい。したがって，ここでは③には言及していない。

25) 第4章の図表4-4に示した通り，「途上国特有の環境で事業を遂行する能力」は，「途上国市場の顧客に対する深い理解」「脆弱な制度・インフラの下での事業ノウハウ」「政治的なリスクへの対処能力」の3つで構成される。

26) Dinh（2018）p.46および2014年8月19日付の *People's Army Newspaper*（Vietnam）に基づく。個別訪問方式を採用したのは，顧客が店舗まで足を運ぶのが困難な農村部におけるサービス向上策の一環である。

27) 非伝統的FSAsの概要は，第4章の図表4-4参照。

28) 2018年8月31日付の日本経済新聞。

29) 2021年12月7日付のVietnam Investment Review。

終章

本研究の結論と今後の課題

1. 研究結果の概要

　本研究は従来の EMNEs 研究であまり取り上げられなかった ASEAN 多国籍企業（AMNEs）に着目し，それらが「どのような国際化戦略を進めているのか」，また「なぜ国際化を進めることができるのか」という 2 つのリサーチ・クエスチョンを設定した。そして AMNEs の中核企業群の顔触れを特定したうえで，前者については「中小業種に属する AMNEs は，グローバル展開を指向する」（仮説①）と「大業種に属する AMNEs は，リージョナル展開を指向する」（仮説②），後者については「『グローバル型』の競争優位は，『国内での強さ＋非伝統的 FSAs』で主に説明される」（仮説③）と「『リージョナル型』の競争優位は，『国内での強さ＋（ASEAN 企業が持つ）RSAs』で主に説明される」（仮説④）という，それぞれ 2 つの仮説をそれぞれ導出し，それらを検証した（第 3 〜 4 章）。

　さらにこれらの仮説に関する考察を深め，また仮説検証の作業を補強する狙いから，「中小業種・グローバル型」「大業種・リージョナル型」にそれぞれ該当する企業の事例研究を行った（第 5 〜 8 章）。前者はタイ・ユニオンと ICTSI の 2 社，後者はタイ・ビバレッジと CIMB グループの 2 社である。さらに仮説の想定外のパターンである「大業種・グローバル型」の戦略を進めている希少な事例としてベトテルを最後に取り上げた（第 9 章）。

　事例研究の結果，第 3 〜 4 章の仮説検証の過程では明らかにされなかった AMNEs の国際化，競争優位の実態が浮かび上がった。まず，仮説①では，中小業種はグローバル規模で事業を展開する海外巨大企業の存在が相対的に希薄であり，「後発」「中小規模」の AMNEs でもグローバル型の戦略を採り得ることがわかった。また，仮説②では，大業種は中小業種と異なり，海外の巨大企業が強力な存在感を有するためグローバル型の戦略は難しく，近隣地域に的を絞ったリージョナル型が現実的な選択肢であることが示された。仮説①と②が成立し得る背景にはこれらの事情があると考えられる。

「中小業種・グローバル型」のタイ・ユニオンと ICTSI はともに当該業界で国際的な有力プレーヤーとして活躍しており，「大業種・リージョナル型」のタイビバ，CIMB も主要な展開先である ASEAN 域内で大きな存在感を実際に有していることから，双方の戦略は有効に機能していると言える。

　一方，AMNEs の競争優位に関する仮説③と④に関し，一連の事例研究で確認されたのは，「グローバル型」「リージョナル型」の双方とも自国での盤石な経営基盤が資金力増強に結び付くなど，国際化を進めるうえで実際の強みになったという点である。さらに「グローバル型」の国際化戦略では，「途上国特有の環境で事業を遂行する能力」「製品・生産プロセス・サービスの刷新・差別化能力」「対外ネットワークの活用」といった非伝統的 FSAs の存在が，自地域（home region）の枠組みを超えた事業の広域展開を行ううえで重要な推進力になったことも浮かび上がった。これらの非伝統的 FSAs は，ICTSI の「途上国特有の環境で事業を遂行する能力」のように，「国内での強さ」を磨くプロセスで育まれてきたケースも多いと考えられる。

　また，「大業種・グローバル型」の例外的な事例であるベトテル（第9章）の動きが示すのは，非伝統的 FSAs の際立つ強さがあれば，「大業種」に属する AMNEs でもグローバル型の戦略は選択肢になり得るという点だ。つまり，「国内での強さ」に加わる非伝統的 FSAs の強さを磨けば，巨大グローバル企業が席巻する「大業種」であってもグローバル展開を行う余地はある。この点は，「グローバル型」AMNEs の競争優位に関する仮説③で非伝統的 FSAs の存在を強調した本研究の有効性を補強するものである。ただ，非伝統的 FSAs の強さは万能ではなく，低所得国の中のさらに貧しい地域にまず重点を置くという，ベトテルが進めたような徹底した差異化戦略も求められる。「大業種」でのグローバル展開は AMNEs には難易度の高い戦略とみられるが，決して不可能ではないことを同社の事例は示唆している。

　一方，「リージョナル型」AMNEs は，「グローバル型」のような非伝統的 FSAs の強さが相対的に乏しい中，「RSAs」という ASEAN 企業特有の強みを活かしながら「リージョナル型」戦略を実際に進めていることが事例研究

によって確認された。「RSAs」の具体的な中身について，本研究では①ASEAN経済統合によりASEAN企業が享受できる域内企業向けのさまざまな優遇措置，②ASEAN経済統合が進む中でASEAN各国政府が進める地元企業向けの支援措置，③ASEAN経済統合に伴う商機獲得に向けた経営者の強い意欲，の3つを想定した。このうち①については第4章でその存在を実際に確認することが困難な点を指摘したが，「リージョナル型」の詳細な事例研究（第7〜8章）からは2010年代に入って顕著に観察されるようになった②と③が，ASEAN市場を主要ターゲットとする「リージョナル型」戦略の遂行に実際に寄与していることが浮き彫りになった。

以上述べたように，本研究ではAMNEsの国際化戦略について「中小業種・グローバル型」「大業種・リージョナル型」の2通りのパターン，競争優位についてはグローバル型の「国内での強さ＋非伝統的FSAs」，リージョナル型の「国内での強さ」という2通りの基本構造を仮説として提示し，検証した。また，それらに続く事例研究により，国際化戦略では2パターンが成立し得る背景を探り，競争優位では2通りの構図が実際の海外展開に寄与していることを確かめて仮説検証を補強するとともに，仮説に関する一層の理解を試みた。

2．本研究の学術的・実務的貢献

本研究がAMNEsを取り上げたのは，従来のEMNEs研究であまり取り上げられなかっただけではなく，EMNEs研究の中心を占め続けたBRICs有力企業群に比べ，AMNEsが「後発」「中小規模」の特徴を有する点に着目したからであった。AMNEsはいわば，これら2つの制約下で国際経営を推進してきた。本研究は「新EMNEs」と呼び得るこれら企業群の実態を解明し，EMNEs研究に新たな視座を持ち込むことを狙った。

EMNEs研究における本研究の貢献は，以下3点に整理される。

第1にEMNEs研究の対象として目立たぬ存在であったAMNEsを広範

に取り上げ，それらの国際化戦略を類型化した。先行研究では ASEAN 単一国の企業を分析する内容が目立ったが，本研究は国際化の進展著しい AMNEs について統合的な分析を試みた。具体的には Ramamurti（2009），Ramamurti & Singh（2009）の分析枠組みを参考に作業を進め，「国境を越えた業界再編関与型」と表現される戦略が最も多く観察されることを明らかにした。EMNEs の国際化戦略の代表的な研究である Ramamurti（2009），Ramamurti & Singh（2009）では BRICs 有力企業を主な対象に 5 つの国際化戦略を特定し，これらの存在を並列的に論じている。これに対し本研究は「国境を越えた業界再編関与型」が AMNEs の中核的な戦略と位置づけられることを明示した。この戦略が AMNEs に多く観察される主な背景としては，越境 M&A を主要手段とする国際経営の進展が挙げられる。M&A の規模がそれほど大きくなく，近隣地域を中心とする地域限定型の展開を行うケースも多いものの，国際的な業界再編に関与する主体して AMNEs が成長している姿が浮かび上がった。

　第 2 に，本研究は上記「国境を越えた業界再編関与型」に該当する企業群を AMNEs の中核グループと位置づけ，それらの国際化戦略を詳細に分析した結果，「中小業種・グローバル型」と「大業種・リージョナル型」の 2 パターンが多い点を突き止め，仮説検証，事例研究を行った。それらの作業から AMNEs は「中小業種」でグローバル型の展開が比較的容易である一方，「大業種」では逆に難しく，リージョナル型が妥当な選択肢となっていることがわかった。EMNEs 研究の中心を占めてきた BRICs 有力企業の国際化戦略では，中国企業を筆頭に先進諸国で大型 M&A を仕掛け，巨大グローバル・プレーヤーとして躍動する姿が強調されてきた。こうしたなか本研究が着目した AMNEs では「中小業種・グローバル型」「大業種・リージョナル型」という国際化戦略の両面性が確認された。これは「後発」「中小規模」の特徴を有する AMNEs ならではの現象とみられ，「新 EMNEs」を分析対象とした本研究から得られた新たな視座である（**図表終−1**）。

　第 3 に AMNEs の競争優位に関する分析では，2 つの側面から複層的に

図表終-1 本研究の成果 AMNEs の国際化戦略と競争優位

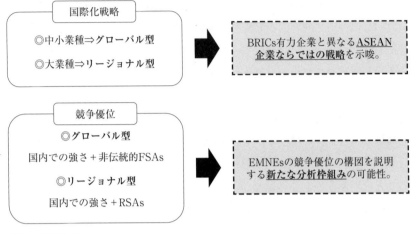

出所：筆者作成。

捉えるアプローチの有効性を示した。具体的には「グローバル型」での「国内での強さ＋非伝統的FSAs」,「リージョナル型」の「国内での強さ＋RSAs」という, それぞれ2つの要素の組み合わせである。双方に共通する「国内での強さ」は Hennart（2009, 2012, 2018）の「バンドリング・モデル」,「グローバル型」の「非伝統的FSAs」は EMNEs の独自の強みとして Cuervo-Cazurra & Genc（2008）, Gammeltoft & Hobdari（2017）, Guillén & García-Canal（2009）, Williamson（2015）らが指摘してきたことを AMNES に当てはめたものである。一方,「リージョナル型」のRSAs は本研究が独自に導入した概念で, ASEAN 域内を中心にリージョナル展開を行う際に発揮される「ASEAN 企業としての強み」を意味する。これらの競争優位の複層的な構図は, 他の EMNEs 分析にも適用できる新たな枠組みとなる可能性がある（図表終-1）。BRICs に加え, 他の新興諸国の企業にも「グローバル型」と「リージョナル型」が併存すると思われるからである。ただ,「リージョナル型」の分析に当たっては, RSAs の中身を各地域の実情を踏まえ修正する必要なども出てくるであろう。

　本研究の実務的な貢献は，ASEAN 企業との国際的な連携を検討，実行するうえで有益な情報を日本企業に提供したことである。日本企業は豊富な労働力，天然資源，さらに成長力に富む市場を持つ ASEAN を長年にわたり重要な投資先と位置づけ，生産，販売，財務，物流，研究開発等の拠点を数多く設置してきた。その ASEAN で事業を展開するに当たって，日本企業は域内各国の産業界で大きな存在感を持ち，現地政府とも緊密な関係を有する地元企業と手を組むケースが多い。その代表的なパートナーが，域内各国の政府系や財閥系の有力企業群である。日本企業にとって ASEAN 企業との連携は，従来は各国の有力企業とその本社所在国，すなわちそれら企業の地元で協業するというパターンが大半で，ASEAN 企業はいわば日本企業にとってローカル・パートナーと呼べる存在であった。だが，ASEAN 企業の国際化が急速に進む中で，ASEAN 企業が日本企業以上の海外展開力を有するケースも増え始めている。このような状況を背景にして，日本企業の間では ASEAN 企業の地元の国々で協業するという従来のやり方に加え，ASEAN やアジア全域，あるいは世界の市場も視野に入れ，ASEAN 企業とリージョナル／グローバルな規模で広域連携に乗り出すケースも増えつつある。これは多国籍企業としての性格を強める ASEAN 企業の力を活用しながら日本企業が自らの海外戦略を推進するもので，日本企業にとって ASEAN 企業の位置づけが変容し始めたことを示す。こうした状況を踏まえれば，グローバル／リージョナルの視点から AMNEs の国際化戦略を浮き彫りにし，それらの競争優位の実態に迫った本研究は，日本企業が ASEAN 企業との広域連携の可能性を探るうえで貴重な情報になるはずである。

3．研究の限界および今後の課題

　本研究に残された課題は以下の通りである。
　第 1 に，本研究は主要な株価指数（日経アジア300）の採用銘柄を中心に対象企業を選んだため，結果として ASEAN 有力企業に関する分析という

色彩が濃くなった。これらの企業は地元市場で支配的な地位にあることが多く、「国内での強さ」はおおむね想定され得るものであった。それゆえ，本研究では「国内での強さ」が「グローバル型」と「リージョナル型」双方の競争優位を構成する要素となっているとの仮説を立てた。それでは，「国内での強さ」を欠くケースが多いと考えられる中堅・中小企業にとっては，「グローバル型」も「リージョナル型」も難易度の高い国際化戦略なのであろうか。また，「国内での強さ」は欠落するものの，非伝統的 FSAs や RSAs を持つ企業の場合はどうであろうか。これらの疑問は，ASEAN 有力企業を主要な対象とした本研究では明らかにすることができなかった。ASEAN 非有力企業も対象に据えたさらなる研究が必要となる。

　第 2 に，AMNEs の国際化戦略をグローバル型とリージョナル型に隔てる要因についてである。本研究では各範疇に分類される AMNEs の業種に関する観察結果から，各業界の世界市場規模の大小が違いを生む要因と考えたが，別の要因が関係している可能性ももちろんある。たとえば，各社が手掛ける製品・サービスの違いなどである。Ramamurti（2012）ではセメントや鉄鋼，パソコン，飲料品など先進国で成熟した産業，世界的に標準化された製品・プロセスを特徴とする産業では，勢いのある自国市場をバックに急成長している EMNEs が越境 M&A を積極化し，グローバル経営を加速していると論じた。本研究は各業界の市場規模に着目したが，それ以外の要因も考慮する必要が出てくるだろう。

　第 3 に，本研究は ASEAN 企業の国際化戦略，競争優位について 4 つの仮説を導出・検証したのを受け，個別企業の事例研究を行った。しかし，新型コロナ感染症の急速な拡大で研究調査を取り巻く環境に逆風が吹いたため，一部はかつて実施した研究対象企業への個別のインタビュー調査を活用したものの，二次情報を多用しながら分析を進めざるを得なかった。とりわけ各 AMNEs の「国内での強さ」，非伝統的 FSAs，RSAs の中身を精査し，実際の効果を確認するうえで一次情報を十分に利用できなかった面がある。現地での情報収集を進め，本研究の内容を補強する必要もある。

第4に，本研究はEMNEs研究の中心を占めたBRICs有力企業との対比を意識しながら主要AMNEsの分析を試みたが，BRICsにもAMNEsと同様に「後発」「中小規模」の属性を持つ多国籍企業が存在し得る。それらの国際化戦略，競争優位に関する分析の結果，「グローバル型」／「リージョナル型」という一対の国際化戦略，さらに「国内での強さ」に非伝統的FSAsないしはRSAsが加わるという競争優位の複層的な構図が確認される場合，本研究で明らかにされた主要AMNEsの国際化の実態というのは，他のEMNEsも共有し得るもの，すなわちEMNEsの国籍ではなく，それらの規模や発展段階と関係がある普遍的な側面を持つ可能性がある。

最後にAMNEsを取り巻く外部環境の変化に言及したい。すでに何度も述べたように，AMNEsの国際化が加速したのは総じて2010年代であった。この時期は，1990年代以降に本格化した経済のグローバル化の最中にあり，国境を越えたヒト，モノ，カネの活発な往来が続いていた。もちろんAMNEs各社の経営努力は重要な要素であったが，AMNEsが後発の新興多国籍企業群として国際舞台で存在感を高めた裏には，世界経済のグローバル化という追い風が吹いたことも見逃せない。ところが，昨今はこのトレンドに変化が生じている。具体的にはトランプ前米大統領時代から激化した米中対立，2022年春から始まったロシア・ウクライナ戦争の長期化などからグローバルサプライチェーン再編やデリスキングに関する議論が高まり，経済のグローバル化が後退するとの懸念が高まっているという現状がある。

世界2位の経済規模を有する中国はAMNEsの主要な事業展開先であったが，このところ経済の不振が目立っている。人口減少が始まったため高成長が難しくなったうえに，不動産不況に起因する需要不足によって深刻なデフレに陥る懸念も指摘される。ウクライナ戦争を仕掛けたロシアはタイやベトナムなどの一部AMNEsの主要な進出先であるが，周知の通り，ロシアへの国際的な非難が続くなか現地で事業を継続することのリスクも高まっている。さらにASEAN加盟国のミャンマーで2021年の軍事クーデター発生により投資環境が一変し，将来性を有望視された同国が「高リスク国」へ転

じたことなども，AMNEs の国際化戦略にとっては大きな出来事である。

　AMNEs は地元市場を支配しながら地力をつけ，海外へと羽ばたき，新興多国籍企業の一角として国際的な存在感を高めてきた。しかし，上述したような外部環境の変化が訪れる中で，新たな市場の開拓に加え，2010年代を中心に構築した海外拠点の経営を軌道に乗せるという課題にも取り組まねばならない。すでに一部の AMNEs の間では新規参入した海外市場からの撤退を迫られる例も観察されており，今後は AMNEs においても国際経営の巧拙の差が鮮明になる可能性がある。一方で ASEAN 域内ではフィンテック，人工知能（AI），教育，医療関連等のスタートアップが独自の技術・ノウハウを武器に越境経営に続々と名乗りを上げており，多国籍化が進展する ASEAN 企業の最新トレンドの様相を呈している。勃興期の2010年代を経て AMNEs の顔触れ，国際化戦略，競争優位の中身にどのような変化が今後生じていくのか。筆者はさらに研究を進めていきたい。

附表

AMNEs37社のシェア・順位に関する情報の出所および留意事項

グローバル型（18社）

社名	国籍	業種	出所及び留意事項
ゲンティン	マレーシア	カジノ	マレーシアで唯一の公認カジノ業者。
IHHヘルスケア	マレーシア	病院	2020年版年次報告書。
サプラ・エナジー	マレーシア	海洋掘削サービス	2021年3月30日付のロイター電。
グァンチョン	マレーシア	カカオ豆加工	2020年4月のBarry Callebaut社の資料及び2019年7月25日付のMalaysian Reserve。
YTLコーポレーション	マレーシア	水道事業	海外事業（欧州）の主力の水道事業は自国では展開していない。
MAHB	マレーシア	空港オペレーター	マレーシア最大の空港（KLIA）の運営を手掛ける。
インドラマ・ベンチャーズ	タイ	ペットボトル原料	順位は筆者推定。
タイ・ユニオン・グループ	タイ	ツナ缶	2020年版年次報告書。「SEALECT」ブランドのシェア。
CPF	タイ	飼料	Watt Global Media。
		食肉加工	Euromonitor International. 2020年の「Processed Meat & Seafood」市場でのシェア。順位は筆者推定。
		養鶏	The Poultry Site。シェアは2018年。順位は筆者推定。
マイナー・インターナショナル	タイ	ホテル	2021年5月13日付Bangkok Post。シェアはタイ地場系ホテルの中でのシェア。売上高ベースで海外部門も含む。
セントラル・リテール	タイ	百貨店	Euromonitor International. 2019年実績。
エンペラドール	フィリピン	ブランデー	2016年12月14日付Business Wire. 2012年のシェア。
ICTSI	フィリピン	港湾運営	Scout Asia。シェアは2019年の数字でコンテナ港に出入りするコンテナの取扱量ベース。
ジョリビー・フーズ	フィリピン	カフェ	Euromonitor International. 2020年実績。1位は米スターバックス（14.6%）
		ファストフード	Euromonitor International. 2019年実績。
ユニバーサル・ロビーナ	フィリピン	ビスケット	Euromonitor International. 2019年実績。
		スナック	Euromonitor International. 2019年実績。
ベトテル	ベトナム	通信	Fitch Solutions. シェアは2020年6月末。
ビナミルク	ベトナム	乳製品	Euromonitor International. 2019年のヨーグルトのシェア。牛乳のシェアは約40%で1位（同年）。
インドフード	インドネシア	即席めん	Euromonitor International. 2020年の「Rice, Pasta & Noodles」でのシェア。

リージョナル型（19社）

社名	国籍	業種	出所及び留意事項
サイアム・セメント・グループ	タイ	セメント	Statisca。2019年実績。
サイアム・シティ・セメント	タイ	セメント	Statisca。2019年実績。
TOAペイント	タイ	塗料	Frost & Sullivan。2016年の「decorative paints and coatings」でのシェア。
EGCO	タイ	電力	同社HP（https://investor.egco.com/strategy.html）。2021年10月3日アクセス。
BCPG	タイ	電力	―
イタルタイ	タイ	建設	Statisca。2018年実績。
タイ・ビバレッジ	タイ	ビール	Euromonitor International。2019年実績。
デュシタニ	タイ	ホテル	2021年5月13日付のBangkok Post。シェアはタイ地場系ホテルの中でのシェア。売上高ベースで海外部門も含む。
バンコク銀行	タイ	銀行	タイ中央銀行。シェアは総資産ベース。2020年実績。
CIMBグループ	マレーシア	銀行	2021年4月9日付のMaybankのIR資料「Investor Day 2021」。総資産額ベース（2020年末）。
アシアタ・グループ	マレーシア	通信	2020年3月5日付のAmInvestment Bankの「Telecommunication」。シェア。順位は2019年10-12月。
ガムダ	マレーシア	建設	―
エアアジア	マレーシア	航空	2020年次報告書。シェア・順位は国内線が対象。
パークソン・ホールディングス	マレーシア	百貨店	Euromonitor International。2019年実績。
QLリソーシズ	マレーシア	養鶏	2015年3月11日付のAmResearch資料「Teo Seng Capital」。シェアは鶏卵生産量ベース。
メイバンク	マレーシア	銀行	2021年4月9日付のMaybankのIR資料「Investor Day 2021」。総資産額ベース（2020年末）。
パブリック・バンク	マレーシア	銀行	2021年4月9日付のMaybankのIR資料「Investor Day 2021」。総資産額ベース（2020年末）。
サンミゲル・プルウリー	フィリピン	ビール	Euromonitor International。2020年実績。
ベトジェットエア	ベトナム	航空	2020年版年次報告書。シェア・順位は国内線が対象。

注：―は不明。
出所：筆者作成。

参考文献

英文文献

ASEAN Secretariat (2018), *ASEAN investment report 2018: Foreign direct investment and the digital economy in ASEAN*, Jakarta: ASEAN Secretariat.

ASEAN Secretariat (2019), *ASEAN investment report 2019: FDI in services: focus on healthcare*, Jakarta: ASEAN Secretariat.

Asia Foundation and International Labour Organization (2015), *Migrant and Child Labor in Thailand's Shrimp and Other Seafood Supply Chains: Labor Conditions and the Decision to Study or Work*.

Available from https://asiafoundation.org/resources/pdfs/MigrantChildLaborinThailandsShrimpandOtherSeafoodSupplyChains.pdf, accessed 2022-3-24.

Beleska-spasova, E., Loykulnanta, S., & Nguyen, Q. T. K. (2016), "Firm-specific, national and regional competitive advantages: The case of emerging market MNEs-Thailand," *Asian Business & Management*, 15 (4), pp.264–291.

Buckley, P. J., & Casson, M. (1976), *The future of the multinational enterprise*, London: Macmillan. (清水隆雄訳『多国籍企業の将来 (第2版)』, 文眞堂, 1993年)

Buckley, P. J., Clegg, L. J., Cross, A. R., Liu, X., Voss, H., & Zheng, P. (2007), "The determinants of Chinese outward foreign direct investment," *Journal of International Business Studies*, 38 (4), pp.499–518.

Carney, M. C., & Dielman, M. (2011), "Indonesia's missing multinationals: business group and outward direct investment," *Bulletin of Indonesian Economic Studies*, 47 (1), pp.105–126.

Child, J., & Rodrigues, S. B. (2005), "The internationalization of Chinese firms: A case for theoretical extension?," *Management and Organization Review*, 1 (3), pp.381–410.

Celestino, J. (2018), "The multiple social functions of the mobile phone in the

Mozambican communities," *The Educational Review, USA,* 2 (5), pp.309–319.

Christensen, C. M. (1997), *The innovator's dilemma: When new technologies cause great firms to fail,* Boston, MA: Harvard Business School Press.

Collinson, S., & Rugman, A. M. (2008), "The regional nature of Japanese multinational business," *Journal of International Business Studies,* 39 (2), pp.215–230.

Cuervo-Cazurra, A. (2011), "Selecting the country in which to start internationalization: The non-sequential internationalization model," *Journal of World Business,* 46 (4), pp.426–437.

Cuervo-Cazurra, A., & Genc, M. (2008), "Transforming disadvantages into advantages: Developing country MNEs in the least developed countries," *Journal of International Business Studies,* 39 (6), pp.957–979.

Cuervo-Cazurra, A., & Ramamurti, R. (2014), *Understanding multinationals from emerging markets,* Cambridge: Cambridge University Press.

Curwen, P. (2020), "A decade of restructuring in the mobile sector," *Digital Policy, Regulation and Governance,* 22 (3), pp.265–267.

Deng, P. (2012), "The internationalization of Chinese firms: A critical review and future research," *International Journal of Management Reviews,* 14 (4), pp.408–427.

Dinh, V. T. (2018), "Penetrating international telecommunications market: the case of Viettel," *Vietnam's Socio-Economic Development,* 4 (96), pp.32–52.

Doz, Y. (2011), "Qualitative research for international business," *Journal of International Business Studies,* 42, pp.582–590.

Dunning, J. H. (1979), "Explaining changing patterns of international production: In defense of the eclectic theory," *Oxford Bulletin of Economics and Statistics,* 41 (4), pp.269–295.

Fitch Solutions (2019), *Tanzania Telecommunications Report,* Q4 2019.

Fitch Solutions (2020), *Vietnam Telecommunications Report,* Q4 2020.

Gammeltoft, P., & Hobdari, B. (2017), "Emerging market multinationals, international knowledge flows and innovation," *International Journal of Technology Management,* 74 (1/2/3/4), pp.1–22.

Gillwald, A., Khan, S., Rademan, B., & Mabila, F. (2016), *The Movitel Miracle—*

New dynamism in the Mozambican mobile market（*Policy Brief No. 6*）. Research ICT Africa.
（https://researchictafrica.net/polbrf/Research_ICT_Africa_Policy_Brie fs/2016_Policy_Brief_6_The_Movitel_Miracle.pdf）, accessed 2021-11-29.

Gugler, P.（2017）," Emerging countries' country-specific advantages（CSAs） and competitiveness of emerging market multinational enterprises（EMNEs)," *Competitiveness Review*, 27（3）, pp.194–207.

Guillén, M. F., & García-Canal, E.（2009）, "The american model of the multinational firm and the "new" multinationals from emerging economies," *The Academy of Management Perspectives*, 23（2）, pp.23–35.

Gupta, V.（2020）, "A case study on economic development of Tanzania," *Journal of the International Academy for Case Studies*, 26（1）, pp.1–16.

Hai, N. M., & M. O'Donnell, M.（2017）, "Reforming state-owned enterprises in Vietnam: The contrasting cases of Vinashin and Viettel," *Asian Perspective*, 41（2）, pp.215–237.

Haley, George T., Tan, Chin-Tiong, & Haley, Usha C. V.（1998）, *The new Asian Emperors: The overseas Chinese, their strategies and competitive advantages*, Oxford: Butterworth-Heinemann.

Hamilton, A., A. Lewis, M.A. McCoy, E. Havice & L. Campling.（2011）, *Market and Industry Dynamics in the Global Tuna Supply Chain*. Honiara: Pacific Islands Forum Fisheries Agency.

Hart, S. L. & C. M. Christensen.（2002）, "The great leap: driving innovation from the base of the pyramid, *Sloan Management Review*," 44（1）, pp.51–56.

Heenan, D. A., & H.V. Perlmutter.（1979）, *Multinational Organization Development*. Reading, MA: Addison-Westley.（江夏健一・奥村晧一監修『グローバル組織開発』, 文眞堂, 1990年）

Hennart, J. F.（1982）, *A Theory of multinational enterprise*. Ann Arbor: University of Michigan Press.

Hennart, J. F.（2009）, "Down with MNE-centric theories! market entry and expansion as the bundling of MNE and local assets," *Journal of International Business Studies*, 40（9）, pp.1432–1454.

Hennart, J. F.（2012）, "Emerging market multinationals and the theory of the multinational enterprise," *Global Strategy Journal*, 2 (3), pp.168–187.

Hennart, J. F. (2018), "Springing from where? How emerging market firms become multinational enterprises," *International Journal of Emerging Markets*, 13 (3), pp.568–585.

Hernandez, E., & Guillén, M. F. (2018), "What's theoretically novel about emerging-market multinationals?" *Journal of International Business Studies*, 49 (1), pp.24–33.

Holburn, G. L. F., & Zelner, B. A. (2010), "Political capabilities, policy risk, and international investment strategy: Evidence from the global electric power generation industry," *Strategic Management Journal*, 31 (12), pp.1290–1315.

Holman Fenwick Willan (2013), *Global Investment in Ports and Terminals*, available from https://www.hfw.com/downloads/ HFW%20Ports% 20and%20 Terminals%20Report%20%5BA4%5D%20February%202013.pdf, accessed 2021-9-6.

Huet, J. M., Viennois, I., Barthe, P., & Barkani, A. E. (2012), "Impact Study of the Arrival of a New Mobile Phone Operator in Haiti," *Digi World Economic Journal*, 2 (86), pp.175–192.

Hymer, S. (1960), *The International Operations of National Firms*, Cambridge: MIT Press: Cambridge, MA. (宮崎 義一編訳『多国籍企業論』岩波書店, 1979年)

IMD (2017) *Thai Union: The Making of A World-Leading Seafood company.*

Jain, N. K., Lahiri, S., & Hausknecht, D. R. (2013), "Emerging market multinationals' location choice," *European Business Review*, 25 (3), pp.263–280.

Johanson, J., & Vahlne, J. E. (1977), "The internationalization process of the firms: A model of knowledge development and increasing foreign market commitments," *Journal of International Business Studies*, 8 (1), pp.23–32.

Johanson, J., & Vahlne, J. E. (1990), "The mechanism of internationalization," *International Marketing Review*, 7 (4), pp.11–24.

Johanson, J., & Wiedersheim-Paul, F. (1975), "The internationalization of the firm: Four Swedish case studies," *Journal of Management Studies*, 12, pp.305–322.

Jormanainen, I., & Koveshnikov, A. (2012), "International activities of emerging market firms," *Management International Review*, 52 (5), pp.691–725.

Kia, H. Y. (2016), "An examination of the conditions, characteristics and strategies pertaining to the rise of emerging markets multinationals," *European Business Review*, 28 (5), pp.600–626.

Kalatay, K., & Panibratov, A. (2013), "Cross-border M&A and competitive advantage of Russian EMNEs," in *The Competitive Advantage of Emerging Country Multinationals*, Williamson, P. J., Ramamurti, R., Fleury, A., & Fleury, M. Z. (eds), Cambridge: Cambridge University Press, pp.220–238.

Lai, J. (2012), "Khazanah Nasional: Malaysia's Treasure Trove," *Journal of the Asia Pacific Economy*, 17 (2), pp.236–52.

Lall, S. (1983), *The New Multinationals: The Spread of Third World Enterprises*, New York: Wiley.

Lee, C., & Sermcheep, S. (2017), *Outward Foreign Direct Investment in ASEN*, Singapore: ISEAS publishing.

Lim, G. (2019), "China's investment in ASEAN: paradigm shift or hot air?," *GRIPS discussion paper*, 19–4.

Luo, Y., & Tung, R. L. (2007), "International expansion of emerging market enterprises: A springboard perspective," *Journal of International Business Studies*, 38 (4), pp.481–498.

Madhok, A. and Keyhani, M. (2012), "Acquisitions as entrepreneurship: Asymmetries, opportunities, and the internationalization of multinationals from emerging economies," *Global Strategy Journal*, 2 (1), pp.26–40.

Makino, S., Lau, C. M., & Yeh, R. S. (2002), "Asset-exploitation versus asset seeking: Implication for location choice of foreign direct investment from newly industrialized economies," *Journal of International Business Studies*, 33 (3), pp.403–421.

Marchand, M. (2018), "New models in old frameworks? contributions to the extension of international management theories through the analysis of emerging multinationals," *International Journal of Emerging Markets*, 13 (3), pp.499–517.

Mathews, J. A. (2002), "Competitive advantages of the latecomer firm: A resource-based account of industrial catch-up strategies," *Asia Pacific Journal of Management* ,19 (4), pp.467–488.

Mathews, J. A. (2006), "Dragon multinationals," *Asia Pacific Journal of Management*, 23 (1), pp.5–27.

Meyer, K. E., & Thaijongrak, O. (2013), "The dynamics of emerging economy MNEs: How the internationalization process model can guide future research," *Asia Pacific Journal of Management*, 30 (4), pp.1125–1153.

Napathorn, C. (2014), *The Internationalization and HR Strategies of Emerging Market Multinational Enterprises (EM MNEs): The Case of Thai EM MNE*, A Master Thesis Presented to the Faculty of the Graduate School of Cornell University.

Narula, R. (2012), "Do We Need Different Frameworks to Explain Infant MNEs from Developing Countries?," *Global Strategy Journal*, 2 (3), pp.188–204.

Narula, R., & Kodiyat, T. P. (2016), "How weaknesses in home country location advantages can constrain EMNE growth: The example of India," *Multinational Business Review*, 24 (3), pp.249–278.

National Economic Advisory Council (NEAC). (2016), *New Economic Model for Malaysia, Part 1: Strategic Policy Directions*, available from https://www.jcci.or.jp/NEM%20for%20Malaysia%20-%20Part%20I_0.pdf, accessed 2022-2-28.

Ngo, C. N. (2017), "Political economy of industrial development in Vietnam's telecommunications industry: A rent management analysis," *Review of Political Economy*, 29 (3), pp.454–477.

Norlia Mohd Zain. (2018), "The determinants of emerging and developed market MNE outward FDI: A comparative analysis of Malaysian and Singaporean MNEs," *International Journal of Economics, Finance and Business Management Studies*, 4 (1), pp.59–70.

OECD (2021), *OECD Investment Policy Reviews: Thailand*, OECD Investment Policy Reviews, OECD Publishing, Paris.

Oh, C. H., & Rugman, A. M. (2014), "The dynamics of regional and global multinationals, 1999–2008," *Multinational Business Review*, 22 (2), pp.108–117.

Padilla-Pérez, R. & Gomes Nogueira, C. (2016), "Outward FDI from small developing economies: Firm level strategies and home-country effects,"

International Journal of Emerging Markets, 11 (4), pp.693–714.

Pananond, P. (2007), "The changing dynamics of Thai multinationals after the Asian economic crisis," *Journal of International Management*, 13 (3), pp.356–375.

Pananond, P. (2012), "Downstream upgrading in the canned tuna global value chain," Workshop/Interactive Paper to the 29th Euro-Asia Management Studies Association Annual Conference, 31 October to 3 November 2012, National University of Singapore.

Pananond, P. (2013), "Moving along the value chain: Emerging Thai multinationals in globally integrated industries," *Asian Business & Management*, 12 (1), pp.85–114.

Pananond, P. (2016), "From servant to master: Power repositioning of emerging-market companies in global value chains," *Asian Business & Management*, 15 (4), pp.292–316.

Panibratov, A. (2017), *International strategy of emerging market firms. Absorbing global knowledge and building competitive advantage*, New York: Routledge.

Pathmanad, U. (2008), "A different coup d'état?," *Journal of Contemporary Asia*, 38 (1), pp.124–142.

Pham, A. (2015) , *The Vietnam Telecommunications Sector: Good Practices in Regulatory Reform in Relation to Competition Policy & Law Issues'*, Toronto, Geneva and Brighton: ILEAP, CUTS International Geneva and CARIS.

Ping, D., Delios, A., & Peng, M. W. (2020), "A geographic relational perspective on the internationalization of emerging market firms," *Journal of International Business Studies*, 51 (1), pp.50–71.

Putrajaya Committee on GLC High Performance (2015), *Transformation Programme Graduation Report*.

Rahman, S. B. A (1999), *A strategic merchandise mix for Malaysian department stores*, Ph. D. thesis, University of Stirling.

Ramamurti, R. (2009), "What have we learned about emerging market MNEs?," in *Emerging Multinationals from Emerging Markets*, Ramamurti, R., & Singh, J. V. (eds), Cambridge: Cambridge University Press, pp.399–426.

Ramamurti, R. (2012), "What is really different about emerging market multinationals?" *Global Strategy Journal*, 2 (1), pp.41–47.

Ramamurti, R. (2013), "Cross-border M&A and competitive advantage of Indian EMNEs," in *The Competitive Advantage of Emerging Country Multinationals*, Williamson, P.J., Ramamurti, R., Fleury, A., & Fleury, M. Z. (eds), Cambridge: Cambridge University Press, pp.239–260.

Ramamurti, R., & Hillemann, J. (2018), "What is "Chinese" about Chinese multinationals?," *Journal of International Business Studies*, 49 (1), pp.34–48.

Ramamurti, R., & Singh, J. V. (2009), "Indian multinationals: Generic internationalization strategies," in *Emerging Multinationals from Emerging Markets*, Ramamurti, R., & Singh, J.V. (eds), Cambridge: Cambridge University Press, pp.110–166.

Rugman, A. M. (1981), *Inside the multinational: The economics of internal markets*, London: Croom Helm, and New York: Columbia University Press. (江夏健一・中島潤・有沢孝義・藤沢武史訳『多国籍企業と内部化理論』ミネルヴァ書房, 1983年)

Rugman, A. M. (2009), "Theoretical aspects of MNEs from emerging markets," in *Emerging Multinationals from Emerging Markets*, Ramamurti, R., & Singh, J. V. (eds), Cambridge: Cambridge University Press, pp.42–63.

Rugman, A. M., & Li, J. (2007), "Will China's multinationals succeed globally or regionally?," *European Management Journal*, 25 (5), pp.333–343.

Rugman, A. M. and Nguyen, Q. T. K. (2014), "Modern international business theory and emerging market multinational companies," In *Understanding multinationals from emerging markets*, Cuervo-Cazurra, A. and Ramamurti, R. (eds.), Cambridge: Cambridge University Press, pp. 53–80.

Rugman, A., & Verbeke, A. (2004), "A perspective on regional and global strategies of multinational enterprises," *Journal of International Business Studies*, 35 (1), pp.3–18.

Sirivunnabood, P. (2017), "The Impact of the ASEAN economic community on outward FDI in ASEAN countries," in Outward Foreign Direct Investment in ASEAN, Lee, C., & Sermcheep, S. (eds), Singapore: ISEAS-Yusof Ishak Institute, pp.47–78.

Subhanij, T., & Annonjarn, C. (2016), "Horizontal, vertical and conglomerate OFDI: Evidence from Thailand," *Journal of Applied Business Research*, 32 (3), pp.747–764.

Taing, A., & Siow, C. M. (2008), "GLCs in stronger position to weather crisis," *The Edge Malaysia*, 1 Dec, p. 84.

UNCTAD (United Nations Conference on Trade and Development). (2006), *World Investment Report 2006*. New York: United Nations, available from https://unctad.org/system/files/official-document/wir2006_en.pdf, accessed 2021-4-3.

Verbeke, A., & L. Kano. (2015), "The new internalization theory and multinational enterprises from emerging economies: A business history perspective," *Business History Review*, 89 (3), pp.415–445.

Vernon, R. (1966), "International investment and international trade in the product cycle," *The Quarterly Journal of Economics*, 80, pp.190–207.

Viettel Global. (2020), *2020 Annual Report*. (https://static2.vietstock.vn/data/HNX/2020/BCTN/VN/VGI_Baocaothuongnien_2020.pdf.), accessed 2021–11–10.

Wells, L. T. (1983), *Third world multinationals*, Cambridge, MA: MIT Press.

Williamson, P. J. (2015), "The competitive advantages of emerging market multinationals: A re-assessment," *Critical Perspectives on International Business*, 11 (3), pp.216–235.

Williamson, P. J., Ramamurti, R., Fleury, A., & Fleury, M.Z. (eds). (2013), *The Competitive Advantage of Emerging Country Multinationals*, Cambridge: Cambridge University Press.

Williamson, P. J., & Wan, F. (2018)," Emerging market multinationals and the concept of ownership advantages," *International Journal of Emerging Markets*, 13 (3), pp.557–567.

Williamson, P. J, & Zeng, M. (2009), "Chinese multinationals: emerging through new global gateways," in *Emerging Multinationals from Emerging Markets*, Ramamurti, R., & Singh, J. V. (eds), Cambridge: Cambridge University Press, pp.81–109.

Wongviwatchai, U. (2013), *Five-Year Investment Promotion Strategy Draft*

(2013-2017), Thailand Board of Investment.

World Bank Group, *Doing Business 2020*, https://documents1.worldbank.org/
curated/en/688761571934946384/pdf/Doing-Business-2020-Comparing-
Business-Regulation-in-190-Economies.pdf accessed 2022-5-8.

Zeng, M. and Williamson, P. J. (2007), *Dragons at your door: How Chinese cost
innovation is disrupting global competition*, Boston, MA: Harvard Business
School Press.

和文文献

泉田良輔（2017）『世界ビール業界再編したドライな M&A，次はどこか』日経
BizGate, https://bizgate.nikkei.co.jp/article/DGXMZO 284186402203
2018000000?page=3　accessed 2022-3-5

今井雅和（2016）『新興市場ビジネス入門』中央経済社。

牛山隆一（2018）『ASEAN の多国籍企業』文眞堂。

牛山隆一（2021a）「新興市場多国籍企業（EMNEs）研究の新たな視座〜
ASEAN 企業の国際化」『専修マネジメントジャーナル』第11巻第2号，pp.1-
10。

牛山隆一（2021b）「ASEAN グローバル企業の国際化〜フィリピン ICTSI 社の
事例に基づく考察」『専修マネジメントジャーナル』第11巻第2号，pp.47-56。

牛山隆一（2022a）「ASEAN 企業の国際化を巡る考察―『グローバル型』と
『リージョナル型』―」『アジア市場経済学年報』第25巻，pp.101-110。

牛山隆一（2022b）「『後発』・『中小規模』新興市場多国籍企業の国際化―ベトナ
ム通信企業の事例から考える―」『アジア経営研究』第28号，pp.153-166。

金崎賢希（2015）「新興国企業による外部資源の創造的活用と市場機会の追及―
ブラジルのビューティ企業ナチュラの国際化―」『国際ビジネス研究』第7巻
第1号，pp.49-66。

鎌田桂輔（2011）「ジョリビー・フード　成長を続ける外食チェーン」，『ジェト
ロセンサー』日本貿易振興機構（ジェトロ），2011年7月号。

川本明人（2006）「グローバル化のもとでの金融業の国際展開と欧米メガバン
ク」『修道商学』第47巻第1号，pp.79-107。

金熙珍（2016）「科学的ケース・スタディの要件：IB トップ3ジャーナル掲載論

文からの帰納的探究」『国際ビジネス研究』第 8 巻第 2 号，pp.37-50。

熊谷聡（2000）「マレーシアの金融危機への対応」『金融と企業の再構築』日本貿易振興機構アジア経済研究所，pp.147-192。

熊谷聡（2006）「民営化政策と企業グループへのインパクト」『マハティール政権下のマレーシア―『イスラーム先進国』をめざした22年―』日本貿易振興機構アジア経済研究所，pp.139-178。

熊谷聡（2017）「ブミプトラ政策の文脈から見たマレーシアの政府系企業（GLC）改革」，RIETI Discussion Paper Series 17-J-055，独立行政法人経済産業研究所。

栗原誉士夫（2014）『港湾サービス産業の世界動向』三井物産戦略研究所。

小池健治（1997）「フィリピン―サンミゲル社を中心に」『中国経済の国際化と東アジア』日本貿易振興機構（ジェトロ）アジア経済研究所，pp.227-252。

国際協力機構（2008）「アフリカ開発とアジアの経済成長」検討会報告書。

国際港湾協会日本会議（2013）「アフリカの次の動きを予想する」『IAPH 国際フォーラム』第31号，pp.40-43。

坂本旬（2015）『欧州ビール産業をめぐる競争・合併・文化的側面：1960年代における Heineken と Carlsberg による国際化の端緒』明治大学大学院経営学研究科，2015年度博士学位請求論文。

塩見将来・田中裕二（2009）「多国籍企業における優位性論争」『立命館経済学』第58巻第 2 号，pp.174-194。

末廣昭・南原真（1991）『タイの財閥』，同文舘。

助川成也（2020）「ASEAN の新たなサービス貿易自由化に向けた取り組み」『ASEAN の新たな発展戦略―経済統合から成長へ―』一般財団法人国際貿易投資研究所（ITI），pp.1-20。

鈴木洋太郎（2018）『国際産業立地論への招待』新評論。

総務省（2013）『ICT 産業のグローバル戦略等に関する調査研究報告書』https://www.soumu.go.jp/johotsusintokei/linkdata/h25_01_houkoku.pdf accessed 2021-11-15。

高橋意智郎（2018）「多国籍企業の海外直接投資の決定要因に関する検討」『実践女子大学人間社会学部紀要』第14集，pp.77-96。

田村正紀（2006）『リサーチ・デザイン　経営知識創造の基本技術』白桃書房。

田村正紀（2016）『経営事例の物語分析』白桃書房。

中村久人（2020）「中国多国籍企業の対 EU 直接投資（FDI）に関する一考察」『環太平洋大学研究紀要』第15号，pp.103–112。

日本貿易振興機構（ジェトロ）（2021）『2021年度海外進出日系企業実態調査　アジア・オセアニア編』https://www.jetro.go.jp/ext_images/_Reports/01/6e51 57e362606548/20210045.pdf　accessed 2022-2-12.

洞口治夫・行本勢基（2012）『入門経営学（第 2 版）』同友館。

三木敏夫（2011）『マレーシア新時代』創成社新書。

森山浩光（2015）「ベトナムの経済状況と乳製品の動向」『畜産の研究』69巻 8 号，pp.704–711。

データベース

International Monetary Fund, World Economic Outlook
　https://www.imf.org/en/Publications/SPROLLS/world-economic-outlook-databases#sort=%40imfdate%20descending　accessed 2023-10-5.

UNCTAD, UNCTADstat
　https://unctadstat.unctad.org/wds/ReportFolders/reportFolders.aspx?sCS_ChosenLang=en　accessed 2022-9-23.

The World Bank, Doing Business 2020
　https://databank.worldbank.org/source/doing-business　accessed 2022-9-23.

The World Bank, World Development Indicators
　https://databank.worldbank.org/reports.aspx?source=world-development-indicators　accessed 2022-9-23.

United Nations, World Population Prospect
　https://population.un.org/wpp/DataQuery/　accessed 2023-10-5.

索　引

著者略歴

牛山　隆一（うしやま・りゅういち）

慶應義塾大学経済学部卒業後，日本経済新聞社入社。編集局証券部，国際部，アジア部の各記者，シンガポール特派員，ハノイ（ベトナム）支局長，アジア部次長，シンガポール兼クアラルンプール（マレーシア）支局長などを歴任。その後，公益社団法人日本経済研究センターのアジア研究部長，主任研究員を経て，2022年4月に名古屋経済大学経済学部教授。2024年4月から敬愛大学経済学部教授（予定）。専門はアジア経済論・産業論。特に東南アジア諸国の企業動向に詳しい。青山学院大学大学院国際政治経済学研究科修士課程修了，専修大学大学院経営学研究科博士後期課程修了。博士（経営学）。
主な著書に『図解でわかる，ざっくりASEAN』（共編著，2014：秀和システム），『ASEAN経済統合の実態』（共編著，2015：文眞堂），『躍動・陸のASEAN，南部経済回廊の潜在力』（共編著，2017：文眞堂），『ASEANの多国籍企業―増大するプレゼンス』（単著，2018：文眞堂），『アジアダイナミズムとベトナムの経済発展』（共著，2020：文眞堂）など。

装丁：尾崎美千子

ASEAN多国籍企業の実像
～後発勢力の国際化戦略と競争優位

2024年2月28日　第1版第1刷

著　者　牛山隆一

発行者　上原伸二

発行所　専修大学出版局
　　　　〒101-0051　東京都千代田区神田神保町3-10-3
　　　　　　　　　　　　　　　（株）専大センチュリー内
　　　　電話 03-3263-4230（代）

印刷
製本　　亜細亜印刷株式会社